타인에게 기대하지 않는
삶을 위한 안내서

비교하는 삶에 지친 당신에게 필요한

타인에게 기대하지 않는 삶을 위한 안내서

외르크 베르나르디 지음 · 이덕임 옮김

필름

평온한 삶에 깊이 뿌리 내리기

> "사람들을 강하게 만들려고 운명이 가혹하게 그들을 채찍질하는 것을 정녕 모르는가? 바람이 세차게 흔들 때 비로소 나무는 땅에 단단히 뿌리를 내린다. 바람의 흔듦은 나무를 안으로 조이고 그 뿌리를 더욱 깊숙이 땅에 내리게 한다." — 세네카

평온한 일상을 원하지 않는 사람이 어디 있겠는가. 하지만 평온함은 우리가 한 번 성취해서 영원히 간직하는 것이 아니다. 일상 속에서 매일 얻어야 하고 때로 재발견해야 하는 것이다. 철학에서 스토아학파만큼 이 문제를 진지하게 다룬 학파는 없었다. 스토아학파 사상가들은 평온함과 내적 힘에 대해 끊임없는 노력을 기울인 것으로 유명하다. 그런데 주목해야 할 점은 평온함을 위한 평온함을 추구하는 것이 그들의 목표는 아니었다는 것이다. 그들은 오히려 훌륭하고 보람 있는 삶을 위해 평온함이라는 태도를 추구했다.

이 책이 이야기하는 삶의 의미를 찾기 위한 10가지 질문은 우리 삶을 더욱 평온하고 회복력 있고 만족스럽게 하는 뿌리와도 같다. 각 장의 내용은 행복과 내적 평화를 위한 우리의 여정

을 지지하고 그 방향을 제공하며, 좌절에 직면할 때 회복할 힘을 준다. 또한 다양한 자극을 통해 우리의 의지력을 북돋워줄 것이다. 평온한 삶의 태도를 익히고 행복을 추구하는 당신의 길에 많은 즐거움과 활력이 넘치기를 바란다.

차례

2장 내면적 고요의 비밀

어떻게 감정을 조절할까?

3장 순간의 마법

어떻게 일상의 순간들에 집중할까?

4장 변화의 기술

어떻게 습관과 태도를 바꿀까?

서장
오늘의 스토아인들에게

"그대가 할 일은 무엇인가?
좋은 사람이 되는 것이다."

— 마르쿠스 아우렐리우스

"세네카를 읽어보게나"

"그대는 자신을 신뢰하고 올바른 길로 가고 있다고
믿어야 한다. 사방으로 방황하는 사람들의 무수한
발자취를 따라가며 흔들리지 말고." — 세네카

프랑스 작가 야스미나 레자의 희극 〈아트〉는 중년의 위기를 겪는 세 친구의 이야기다. 각자 다른 성격으로 절망하는 이들의 신경증과 관계 속 갈등이 흥미진진하게 파노라마처럼 펼쳐진다. 기묘한 장면과 대화를 통해 이들은 점차 자신의 성질을 드러내고 논쟁하다 새삼 서로를 발견한다. 싸움이 본격적으로 격렬해지기 전, 저명한 피부과 의사인 세르주는 친구 마크에게 《행복한 삶에 관하여》를 추천한다.

"세네카를 읽어보게나."

마크는 인정한다.

"내가 너무 예민한 건 맞아. 정말 불안하단 말이야. 굳이 말하자면 한 치의 느긋함도 없다는 거지."

그래서 내면의 불안을 해결해주는 책을 추천한다고? 게다가 그 책이 1,800년 이상 된 유서 깊은 고전이라니. 그 책이 어떻게 평온함을 찾을 수 있게 도와준다는 말일까?

김나지움에 다닐 때 나의 선생님은 세르주가 마크에게 했던 것과 같은 충고를 나에게 해주셨다. 당시 나는 연극 〈아트〉에서 맡은 역할을 준비하기 위해 《행복한 삶에 관하여》를 읽어야만 했다. 그리하여 열일곱 살에 처음으로 세네카의 널리 알려진 흥미진진한 고전을 접하게 되었다. 솔직히 당시에는 이해하지 못할 내용이 수두룩했고 내 삶에 활용할 부분도 찾기 어려웠다. 하지만 세네카가 인간의 본성에 대해 쓴 글은 나를 끌어당겼으며 이후 내 마음속에 머물렀다.

"행복이란 한 사람이 자신의 본성과 조화를 이루며 사는 것을 의미한다."

이런 말은 내 마음에 곧장 와닿았다. 물론 나도 모든 사람이 자신의 본성에 따라 살아야 한다고 생각한다. 다만 나는 세네카가 말하는 '자신의 본성'이 무엇을 의미하는지 확실히 알 수 없었다. 본성에 따라 사는 것은 훌륭하고 올바른 일로 여겨졌지만 나 스스로에게 묻지 않을 수 없었다. 대체 여기서 본성이란 뭘까? 모든 인간은 개인의 내면적 본성에 따라 살아야 한다는 소리일까? 아니면 모든 인간에게 동일하게 적용되는 일반적인 우주적 본성이 있다는 말일까? 아무튼 그때 나는 세네카의 책을 읽고 흥분했고, 책 내용에 대해 감동과 혼란스러움을 동시에 느꼈다.

공원에서 세네카를 다시 만난 날

몇 년 후, 두 번째로 《행복한 삶에 관하여》를 읽게 되었다. 당시 쾰른 대학교에서 치러야 하는 전공 라틴어 시험 공부를 하기 위해 정기적으로 시립공원에 갔다. 그런데 책 내용을 번역하는 것보다 세네카의 사상에 더 큰 흥미를 느꼈던 것을 나는 아직도 생생히 기억한다. 세네카가 인간의 본성과 마음의 평화에 대해 쓴 이 글은 학창 시절 연극을 준비하던 때보다 마음에 훨씬 크게 와닿았다.

행복한 삶에 대한 그의 지론이 갑자기 이해되기 시작했다. 내 본성을 따르는 일은 타당한 원칙에 따라 행동하고 선함을 추구하며, 가능한 한 헌신적이고 두려움 없이 그것을 실천하는 것과 다름없었다. 나는 특히 좌절이나 욕망, 물질적 대상을 스토아적 태도로 대하는 일이 내면의 평화를 찾는 데 도움이 될 수 있다는 생각에 이끌렸다.

다른 스토아학파 사상가들과 마찬가지로 세네카의 생각과 태도는 단순히 이론이나 전통적 지식에 머무르지 않고 현실적인 응용이 가능하다는 사실도 깨달았다. 그 내용은 모두 우리의 경험과 내면적 태도의 성장에 관한 것이었다. 이는 역으로 나의 행동과 삶에도 영향을 미쳤다. 진실로 중요한 것은 인간 정신의 행복과 건강 그 이상도 이하도 아니다. 여기에는 무엇보다도 힘든 순간에조차 행복이라는 선물을 받아들이려는 의지가 담겨 있다. 이런 통찰력들이 공원을 거니는 동안 나의 내면으로 스며들었고, 스물세 살이던 그때의 나를 사로잡았다.

영원한 삶의 지혜

오늘날 나는 스스로 다음과 같은 질문을 던지게 된다. 어떻게 2,000년도 더 된 오래된 생각이 21세기 사람에게 그토록 깊은 감동을 줄 수 있을까? 게다가 '뉴욕의 스토아인들New York City Stoics'이라 불리는 한 무리의 사람들이 2020년에 뉴욕의 고층 빌딩에서 정기적인 모임을 갖는 것을 어떻게 봐야 할까? 시간을 뛰어넘는 그 관념들은 맨해튼 금융가의 중심부에서든, 20세기 유럽의 대중 연극에서든 모두 유효하므로 실용적인 용도로 사람들에게 호소력을 지니는 게 아닐까?

바로 이 점이 고전의 특성일 것이다. 오늘날까지도 사람들이 공감할 수 있는 생각과 감정, 경험을 표현한다는 것. 즉 오늘날 우리가 마주하는 질문과 문제와 그리 다르지 않다는 것. 가령 고대 로마에 살던 세네카는 지나친 소음과 불안, 스트레스에 대해 불평했으며 당대의 지나치게 빠른 삶의 속도를 비판했다. 그러니 우리는 이제 스토아 철학의 역사를 더 가까이 살펴볼 때가 되었다.

인생학교 철학파의 황금기

> "마음이 항상 바람직한 길을 걷고, 스스로 만족하며, 있는 자리에서 행복할 수 있도록 늘 자신을 점검해야 한다." — 세네카

스토아 철학자들이 아테네의 시장 광장에서 처음으로 조우한 것은 아마도 기원전 300년 이전일 것이다. 수많은 사람이 오가는 곳에서 그들은 철학적 질문에 관한 생각들을 주고받았다. 이보다 100년 전 소크라테스는 같은 시장 한복판에서 제자들과 철학적 담론을 나누었다. 당시 아테네는 어떤 도시와도 견줄 수 없는 문화적 화려함과 영향력을 전 세계에 펼치면서 그 명성을 자랑하고 있었다. 그야말로 아테네의 문화적 전성기이자 그리스 민주주의의 황금기였다. 알렉산더 대왕이 세상을 떠났을 기원전 323년 즈음, 그리스는 세계적인 제국이 되어 있었다. 당대 그리스의 대부분 학파와 유파가 그랬듯이 스토아학파에서도 소크라테스를 중요한 롤 모델로 보았다.

당시 아테네에는 전례 없이 많은 새로운 사상과 서적들이 등장하여 교양 있는 그리스인들 사이에서 널리 퍼졌다. 철학자들과 지식인들은 일반 대중으로부터 점점 더 많은 존경을 받으

며 큰 인기를 누렸다. 경제적 성공과 계속해서 번영하는 사회로 인해 오만해진 그리스는 세계시민의 관념까지 발전시켰다.

고대 사회의 링구아 프랑카lingua franca(서로 다른 모국어를 사용하는 사람들이 의사소통을 하려고 공통으로 사용하는 제3의 언어—옮긴이)이자 문화 언어는 그리스어였다. 그리스 사회의 사상은 세계적인 것으로 여겨졌다. 다른 문화와 국가들과 이루어진 활발한 교류와 접촉은 그리스의 문화적 우월성을 보여주는 중요한 원동력이 되었다. 이 같은 현상 속에서 그리스의 문화와 상업 권력은 그 시대의 가장 자유롭고 존경받는 문명 중 하나로 발전했다. 고대 그리스의 위대한 4대 철학 학파가 그 시대에 등장한 것도 놀라운 일이 아니다.

1. 소크라테스가 사망한 후, 플라톤은 기원전 387년 아테네에 자신의 아카데미를 설립했다.
2. 플라톤의 가장 유명한 제자였던 아리스토텔레스는 기원전 334년 페리파토스에서 연구와 교수 활동을 시작했다.
3. 기원전 306년경 철학자 에피쿠로스는 아테네 교외에 유명한 정원(그리스어로 케포스)을 개장했다.
4. 기원전 300년경 스토아학파는 '울긋불긋한 강당'이라는 뜻의 '스토아 포이킬레'에 처음 등장한다. 이 학파의 이름은 강당의 이름을 따서 지어졌는데 '스토아'는 그리스어로 '기둥이 있는 강당'을 의미한다.

네 학파 모두 인간의 행복과 지식 추구를 목표로 한다. 플라톤과 아리스토텔레스의 학파가 학문적, 학술적 지향성을 강하게 추구한 반면, 에피쿠로스학파와 스토아학파는 일상생활에 초점을 맞추었다.

스토아의 창시자인 키티온의 제논(기원전 333~기원전 261년)은 20권 이상의 책을 썼는데 그중 한 권도 전해지지 않는다. 따라서 그에 대해 우리가 아는 것은 간접적일 수밖에 없다. 하지만 관련하여 전해지는 여러 이야기는 당시의 그리스 사회상과 완벽하게 일치한다. 유명한 일화에 의하면 제논은 항해 중에 난파당하여 전 재산을 잃고 철학에 투신하게 되었다. 그런데 그가 애초에 아테네로 여행을 간 이유는 다른 동시대인들과 마찬가지로 그리스 교육에 대한 열망 때문이었을 가능성이 크다.

그가 쓴 저서 중 하나인 《국가》에서 그는 당대의 사회적 관습에 대해 급진적인 반대의 목소리를 냈다고 전해진다. 정치적 유토피아를 묘사한 이 책에서 그는 이상적 국가에 대한 생각을 제시하고 돈과 결혼식, 사원과 학교, 성별에 따라 구분되는 옷차림을 폐지할 것을 호소했다. 이를 통해 우리는 제논이 자신의 세대에서도 자유주의적이고 세계주의적인 엘리트에 속했다고 추측할 수 있다. 초기부터 스토아학파는 세계주의 사상을 업고 모든 인간의 평등을 옹호해왔다. 다른 대부분의 철학 학파들과 마찬가지로 스토아학파는 여성과 노예에게도 우호적인 입장을 취했다.

오늘의 스토아인을 위한 1분 철학

"너 자신을 알라"

우리에게 전해진 그리스 철학의 가장 잘 알려진 문장일 것이다. 이 문장은 원래 유명한 신탁의 예언이 흘러나오던 델피의 아폴로 신전 입구에 적힌 글인데 여전히 전 세계적으로 널리 알려져 있다.

스토아학파에 의해 고대 지성의 스타로 추앙받았던 소크라테스는 자기 인식의 기술을 철학의 핵심으로 삼았다. 이에 덧붙여 그는 자신의 방법을 진리가 태어나도록 돕는 조산술이라고 묘사했다. "너 자신을 알라"라는 말이 오늘날에도 여전히 많은 사상가와 철학자에게 영감을 주는 고대 격언인 이유다. 지그문트 프로이트도 소크라테스식 방법론에 기초하여 정신분석학적 발명을 이루었다고 전해진다. 이 잠언은 고대 로마에서 특별히 숭배되었는데, 당시 로마의 주택들 앞 곳곳에 적혀 있었다고 한다.

1,800년간 우리 곁을 지킨 스토아 철학의 힘

"자신의 본성이 지닌 힘에 눈을 돌려 고고한 태도에 맞서고, 매우 강인한 영혼을 품은 사람이 실현할 수 있는 것 이상의 위대한 계획을 대담하게 구상하려고 시도하는 것은 그야말로 고귀한 일이다." — 세네카

스토아 철학은 고고하게 500년 동안 지속되었다. 그리스 민주주의와 로마 공화정이 이 기간 동안 분열의 길을 걸었다는 사실을 고려하면 매우 놀라운 일이다. 그런 위기와 격변에도 불구하고 스토아 철학은 매우 큰 회복력을 가지고 있었다. 고도로 발달한 두 문명의 흥망성쇠 속에서 스토아 철학이 살아남기 위해서는 아마 그것이 유일한 방법이었을 것이다.

연구 자료를 보면 스토아 철학은 초기와 중기, 서기 2세기까지 지속된 후기의 스토아 철학으로 나눌 수 있다. 스토아 철학은 로마 통치하에서 전성기와 인기 절정기를 보냈다. 고대 로마에서는 스토아 철학이 국가 철학의 하나로 여겨졌다. 하나의 철학 체계로서 그 영향력과 보급력을 보자면 어느 것과도 견줄 수 없는 성공을 누린 셈이다. 시간이 지남에 따라 이 철학 사조는 고대 그리스와 로마의 대다수 사교계에 널리 퍼졌다. 제논을 뒤따르는 다른 스토아학파도 등장하여 그의 전통을 이어

나갔다. 해방 노예에서 부유한 사업가, 정치인, 로마 황제까지 계급의 고하를 막론하고 모든 사람이 스토아 철학에 매료되었다. 스토아학파를 대표하는 위인들은 다음과 같다.

- 키티온의 제논: 스토아학파의 창시자
- 솔로이의 크리시포스: 고대 그리스에서 가장 중요한 스토아 철학자들 중 한 사람
- 세네카: 당대에 가장 널리 읽힌 로마 작가
- 무소니우스 루푸스: 네로 황제 시대에 고대 로마의 가장 중요한 스토아학파 스승 중 한 사람
- 에픽테토스: 해방 노예이자 루푸스의 제자
- 마르쿠스 아우렐리우스: 로마 황제

이 책의 맨 뒤에서 주요 스토아 철학자들의 세부 정보를 더 볼 수 있다.

로마 역사에서 스토아 철학과 황제 마르쿠스 아우렐리우스는 두 가지 종말점을 의미한다. 우선 마르쿠스 아우렐리우스는 로마 제국에 축복받은 전성기를 가져다준 소위 '5명의 선량한 황제' 중 마지막 황제다. 반면 그의 후계자이자 아들인 코모두스는 영화 〈글래디에이터〉에서 배우 호아킨 피닉스가 연기한 것처럼 잔인함과 폭정, 독재의 상징이 되었다. 게다가 스토아의 위대하고 활동적인 마지막 대표자 중 한 명인 마르쿠스 아우렐리우스도 세상을 떠나면서, 500년 이상 지속된 전통은 끝났고

서구의 운명은 기독교의 손에 넘어갔다.

하지만 스토아 사상의 영향은 마르쿠스 아우렐리우스의 죽음 이후에도 지속되었다. 스토아주의가 지난 1,800년 동안 철학계 내부의 조언자 역할을 해왔으며 오늘날에도 전 세계에 많은 추종자들을 거느린 것은 그만한 이유가 있는 것이다.

좋은 삶을 위한 현명한 생각

로마에서 스토아 철학은 특히 인기가 있었다. 가장 중요한 저자는 세네카, 에픽테토스, 마르쿠스 아우렐리우스였는데 이들은 철학 세미나나 역사 수업에서 즐겨 다뤄질 뿐 아니라 달력이나 엽서에도 그 이름이 등장한다. 그리스의 스토아 철학자들과 달리 이들에 대한 문헌은 다수가 보존되어 있으며, 스토아주의에 대한 우리의 관념을 형성하는 데 특별한 방식으로 도움이 되었다. 널리 잘 알려진 저술로는 세네카의 《행복한 삶에 관하여》와 마르쿠스 아우렐리우스의 《명상록》, 에픽테토스의 《편람》 등이 있다. 많이 읽히는 고전이자 오랫동안 스테디셀러 자리를 지켜온 이 책들은 시대를 초월한 지혜를 담은 문헌이라 할 수 있다.

로마 스토아학파의 사상은 스토아학파의 사상 중에서도 가장 새로운 것이고, 따라서 가장 현대적인 요소가 많아 우리에게 특히 친숙하게 느껴진다. 실제로 많은 부분이 오늘날의 주제와 일맥상통한다. 가령 분노는 바람직하지 못한 감정인데 자기 통제와 감정 조절에 대한 스토아적 관념은 오늘날의 마음 챙김 문화를 연상케 하는 측면이 있다. 이들은 우리가 어떻게 부정적인 감정이나 도전 과제에 평정심을 잃지 않고 대처할 수 있는지 거듭해서 질문하고 사유한다. 고대 로마의 이 스토아 철학자 세 사람은 오늘날 우리 세계와 가장 가까운 사람들이므로 나는 앞으로 이들에 대해 자주 언급하게 될 것이다.

오늘의 스토아인을 위한 1분 철학

스토아학파의 세 가지 가르침

원래 스토아학파의 가르침은 크게 세 가지였다. 올바른 세계관(자연철학), 참된 판단(논리학), 올바른 행동(윤리학)이 바로 그것이다. 이 세 가지는 우리 자신이 누구인지, 이 우주란 무엇인지, 그 안에 있는 우리의 위치와 삶의 목적은 무엇인지를 깨닫는 '자각'이라는 하나의 목표로 연결된다. 배경에는 우주의 모든 것이 '공감'이라고 부르는 것과 연결된다는 스토아 철학자들의 생각이 있다. 이 조화로운 질서 속에서 이성은 모든 것에 스며드는 물리적 힘이다.

선한 사람이 갖는 행운

"살아 있는 한, 그리고 할 수 있는 한 지금 선한 사람이 되어라." – 마르쿠스 아우렐리우스

스토아학파의 다양한 생각과 가르침 중에서도 공통분모가 있다면 그것은 내가 학창 시절부터 늘 마음속으로 생각하고 있던 세네카의 유명한 문구일 것이다.

"자신의 본성과 조화를 이루는 것이 바로 행복한 삶이다."

그리스의 철학자 소크라테스, 플라톤, 아리스토텔레스와 마찬가지로 스토아학파는 궁극적으로 충만감을 느낄 수 있는 좋은 삶을 꿈꾼다. 하지만 누구도 그런 삶을 보장해줄 수 없다. 다만 이를 위한 적극적인 삶의 방식, 분명한 원칙과 규칙은 있다.

스토아학파가 중시한 세 가지 신조

선하고 행복한 삶을 살기 위해 꼭 필요한 스토아적 통찰 혹은 신조가 있다.

"인간은 기본적으로 선하다"

스토아 철학자들은 인간은 누구도 의도적인 악을 행하지 않으며 기본적으로 모든 사람이 선하다고 확신했다. 인간은 또한 참된 성격을 형성하고 미덕을 발전시키는 능력을 가지고 있다고 여겼다. 스토아 철학은 용기, 침착함, 정의, 지혜와 같은 미덕의 자질뿐 아니라 우리 내부에서 이런 자질을 키우는 방법에 대한 실용적인 지식을 담고 있다. 이들은 좋은 인성과 덕목을 배우는 것은 행복한 삶을 살기 위한 가장 중요한 전제 조건이므로 미덕이야말로 최고의 선이라고 했다. 세상이 조화롭고 이성적인 원리에 바탕을 두고 있듯이 인간은 근본적으로 이성적이고 선한 존재라는 것이다.

"우리를 괴롭히는 것은 어떤 일 자체가 아니라 그 일에 대한 우리의 생각이다"

이 유명한 생각의 창시자는 에픽테토스인데 어쩌면 한 번쯤 들어본 적이 있을 것이다. 실제로 많은 스토아 철학이 다음의 질문을 중심으로 전개되었다. 우리 삶을 침범하는 불안과 공포, 걱정을 어떻게 피할 수 있을까? 우리 삶에서 피할 수 없는 죽음과 고통을 어떻게 받아들여야 할까? 스토아학파는 매우 명확한 입장을 취했다. 이들은 걱정과 두려움에 사로잡혀 사는 삶이 어처구니없고 불합리하다고 생각했다. 그러므로 항상 자신의 생각과 인식을 돌아보고 그것이 어떻게 두려움이나 걱정을 키우고 없애는지를 깨닫는 것이 중요했다. 궁극적으로 스토아주의란 마음의 힘을 이용하여 자신의 삶에 영향을 주려는 시도라 볼 수 있다.

"무슨 일이 일어나느냐가 아니라 어떻게 대처하느냐가 중요하다"

이보다 더 현대적이며 오늘날 우리의 사고방식에 가까운 격언도 없을 것이다. 스토아 철학의 일부 원칙이 현대 심리학의 선구자로 여겨지는 것도 무리는 아니다. 스토아 철학은 인간의 자유에 대한 깊은 통찰에 기반을 두고 있다. 우리는 자신의 운명을 선택할 수도 없고 삶의 많은 부분은 우리가 통제할 수 있는 범위를 넘어선다. 하지만 특정한 상황이나 일에 어떻게 반응하고 일상을 어떻게 변화시킬지는 우리 손에 달려 있다. 세네카가 고난이 닥쳤을 때 어떻게 대처할 것인가를 쓰면서 자유를 언급한 것도 바로 이 때문이다.

"어떤 일이 닥치더라도 그것을 좋게 보고 좋은 쪽으로 만들어라. 그대가 무엇을 입느냐가 중요한 것이 아니라 어떻게 입느냐가 중요하다."

특히 인지행동치료학에서는 이 접근법을 채택하여 나름의 치료법을 개발했다.

스토아학파가 중시한 네 가지 덕목

스토아 철학자들에게 미덕은 모호한 이상이 아니라 습득

가능한 기술이다. 또한 이들은 미덕을 단련할 수 있는 인격적 특성으로 본다. 이미 언급했듯이 스토아학파는 이 점에서 꽤 강경한 태도를 취한다. 덕이 없으면 행복도 없다. 규칙적인 훈련이 없다면 좋은 삶도 없다. 그리하여 오늘날 우리는 이들의 태도를 급진적 도덕윤리라 부르기도 한다.

미덕은 '쓸모'와 '효율성'에서 나오는 것이다. 스토아 철학에는 인간의 능력으로서 미덕과 끊임없는 노력이라는 두 가지 관념이 있다. 윤리는 습관을 의미하는 고대 그리스어 '에티케 etike'에서 파생되었다. 좋은 습관을 통해서 우리는 선하고 행복한 삶을 살 수 있다.

요약하자면, 스토아 철학에서는 모든 사람이 똑같은 숙제를 안고 있다고 본다. 덕목과 성격의 강점을 기르고, 좋은 습관을 기르기 위해 거듭 노력하며, 삶의 원칙을 일상 속에서 실천하는 것이다. 마르쿠스 아우렐리우스에게 이는 한마디로 좋은 사람이 되는 것을 의미한다! 스토아학파의 4대 미덕은 다음과 같다.

용기(혹은 용감함)

선하고 옳다고 믿는 것을 위해 자신의 모든 힘을 사용할 수 있는 능력이다. 스토아적 의미에서 용기는 모든 상황에서 자신의 원칙과 삶의 목표를 기억하고 그 의미 안에서 옳은 일을 하는 것이다. 여기에는 우리가 어떤 결정을 내릴 때 주요 우선순위와 자신의 가치를 인식하는 것도 포함된다.

정의(혹은 공정)

지위, 인종 또는 성별에 관계없이 모든 사람을 공정하고 친절하게 대할 수 있는 능력이다. 이는 모든 사람을 존중하고 그들이 올바른 삶을 사는 데 필요한 것을 베푸는 일을 의미한다. 따라서 즐거움, 선함, 친근함 같은 감정을 발달시키는 것도 스토아식 단련에 속했다. 덧붙이자면 기독교는 이후 바로 이와 같은 정의의 미덕을 자비라고 해석했다.

평정(혹은 절제)

삶의 모든 영역에서 건강한 균형을 찾을 수 있는 능력이다. 스토아학파는 모든 상황에서 통제력과 자제력을 가장 중요한 목표 중 하나로 여겼다. 여기서 스토아적 이상이란 의무와 겸손, 물질 소비에 대한 신중한 태도다.

실천적 지혜(혹은 신중함)

사물을 올바르게 판단하고, 중요한 것과 중요하지 않은 것을 구별하며, 혼란스러운 상황에서도 지혜로운 결정을 내릴 수 있는 능력이다. 실천적 지혜는 어려운 도전에 직면했을 때 침착함을 유지하고 신중하게 행동하는 데 도움이 된다. 여기에는 삶을 지나치게 심각하게 받아들이지 않으며 죽음을 적절하게 받아들이는 태도도 포함된다.

"위기 속에서 진정한 자아가 등장한다."

스토아 철학자 에픽테토스의 말에서 나온 문장이다. 이런 생각은 현대인의 귀에조차 전혀 생경하게 들리지 않는다. 오히려 그 반대다. 독일 총리였던 헬무트 슈미트는 "위기의 상황에서 성격이 증명된다"라고 말했다. 혹시 그도 은밀한 스토아주의자였을까? 아무튼 2015년 한 신문 기사에서 슈미트 전 총리는 마르쿠스 아우렐리우스를 롤 모델로 언급하며 다음과 같은 말로 이 로마 황제에 대한 존경심을 표현했다.

"나는 열다섯 살 때 마르쿠스 아우렐리우스의 《명상록》을 선물로 받았습니다. 그 책은 RAF 테러에서 재무장 결정(소련의 중거리 핵미사일 배치에 대한 서방의 공동대응 일환으로 독일에 크루즈미사일을 배치하는 결정—옮긴이)에 이르기까지 어려운 시기마다 내가 길을 헤쳐갈 수 있도록 도와주었지요."

스토아학파는 인간 정신을 탐구하고 강화하는 데 있어 실용적인 실천에 큰 중점을 둔다. 플라톤과 아리스토텔레스의 관점과는 다르게 각 개인의 행동에 초점을 맞춘다. 당신의 생각과 소신은 일상생활에서 실천 가능한 것이어야 한다. 스토아의 가르침은 삶에 대처하고 행복을 찾는 데 일상적으로 도움을 줄 수 있는 지침이다. 세네카가 그의 친구 루실리우스에게 보낸 편지에 "철학은 말이 아닌 행동에 기초한다"라고 썼듯이, 그에게 스토아 철학이란 '무엇을 해야 하는지, 무엇을 해서는 안 되는지'를 보여주는 철학이다.

오늘날의 관점에서 보자면 이는 아마도 내면의 평화와 회복력, 의지력, 평온함을 얻기 위한 실천 방안이기도 할 것이다. 스토아학파의 경우 이런 실천적이고 영적인 수행에 대한 가르침은 이들의 전체론적 세계관에 통합되었다. 스토아 철학은 일상생활의 구체적인 경험을 통해 참된 인간이 되는 일에 초점을 맞춘다. 또한 이들에게 삶에서 가장 본질적으로 중요한 것은 모든 인간이 이 우주, 이 세계와 보편적으로 연결되는 것이다. 스토아 철학이 수 세기 동안 수많은 사람에게 영감을 주고 그 영향이 오늘날에도 여전히 남아 있는 것은 당연한 일이다.

1장

자기 인식의 본질

어떻게 나를 알 수 있을까?

"우주가 무엇인지 모르는 사람은 자신이 어디에 살고 있는지 모른다. 삶의 목적을 모르는 사람은 자신이 누구인지도, 우주가 무엇인지도 모른다. 이 모든 것을 모르는 사람은 자신이 왜 존재하는지 말할 수 없다. 그렇다면 자신이 어디에 있는지, 누구인지 모르는 사람에게 인정받고 싶어 하는 사람은 어찌해야 할 것인가?"

— 마르쿠스 아우렐리우스

우리는 자기 인식 능력을 과대평가한다

"당신이라는 존재가 극히 작은 부분에 지나지 않는 이 자연 전체, 오로지 찰나의 작은 부분만 당신에게 주어지는 시간 전체, 그리고 당신의 것이라고는 그저 극히 일부에 불과한 운명이라는 것을 생각해보라."

— 마르쿠스 아우렐리우스

일상생활의 많은 순간에서 우리는 무의식적으로 행동한다. 이는 우리가 무엇을 왜 하고 있는지에 대해 진지하게 생각하지 않음을 의미한다. 자신이 누구인지, 이 세상에서 어떤 역할을 하는지에 대한 질문은 그다지 중요하지 않다. 아니면 "당신은 누구입니까?"라는 질문에 어떻게 대답할 것인가? 질문을 받자마자 세계 질서와 우주 내 당신의 위치에 대해 철학적으로 생각하지는 않을 것이다. 혹시 그렇다면 당신은 자신이 생각하는 것보다 더 스토아 철학자에 가까울 수 있다. 하지만 '나는 누구인가?'라는 질문을 던졌을 때 대부분 사람들에게 우주는 가장 마지막에 마음속으로 떠올릴 대상이라는 것이다. 게다가 무의식적으로 흘러가는 일상적인 삶에서 어쨌든 중요한 것은 우리가 지금 무엇을 해야 하는가 혹은 무엇을 하고 싶은가다.

"당신은 누구입니까?"라는 질문을 받았을 때 어떻게 대답할 것인가? 잠시 생각해보자. 아마도 당신은 자신의 이름과 직업, 국적에 대해 이야기할 것이다. 어쩌면 미혼인지 기혼인지, 자녀가 있는지, 배우자와의 관계가 '복잡한지' 아니면 전반적으로 '만족스러운지'로 한두 문장 덧붙일 수 있다. 하지만 그 이상은 아니다. 이미 '복잡한' 추가 정보조차 너무 개인적인 것인 데다 그것이 우리가 누구인지 말해줄 리도 없다. 단지 현재 마음 상태와 관계에 대한 정보만을 제공할 따름이다.

우리는 조각들의 합 이상의 존재

다시 "당신은 누구입니까?"라는 질문을 생각해보자. 당신에게 핵심적이라고 생각하는 성격적 특징을 나열하고 요즘의 감정 상태를 묘사한다 해도 이 질문은 항상 채워지지 못한 채 남아 있다. 머릿속에서 쉽게 곧바로 떠오르지도 않고 오랫동안 생각해도 대답할 수 없는 질문이기도 하다. 삶의 수많은 측면과 자아의 끝없는 감각과 감정에 제대로 다가가려면 마르셀 프루스트의 열 권짜리 소설 《잃어버린 시간을 찾아서》 정도는 필요할 것이다. 그렇다 할지라도 대부분의 우리에게 '나는 누구인가?'라는 질문은 너무나 개인적이고 매우 주관적이다.

21세기 사람들에게 이는 우리 문화 전체를 관통하는 지극히 정상적인 사고방식으로 느껴진다. 모든 것은 주관적이고 개인적이다! 이런 주장은 너무 자명하게 여겨져서 우리는 어떤 형태의 객관성과 보편적인 진리도 상상할 수 없게 되었다. 어쩌면 이렇게도 말할 수 있을 것이다. 우리를 온통 지배하는 주관적인 관점은 이제 우리의 제2의 천성이 되었다! 이제 우리는 누구도 이에 대해 질문을 던지지 않는다. 하지만 주관적인 자기 인식에 대해 회의적인 입장을 가질 이유는 충분하다. 우리의 주관적인 사고와 느낌은 자신이 누구인지를 깨닫기에는 결여된 부분이 무척 많기 때문이다.

자기 탐구라는 환상을 지나치는 법

어떤 대가를 치르더라도 자신을 알고 싶어 하는 사람들은 자기 탐구라는 환상의 함정에 빠질 수도 있다. 그 말은 오로지 생각과 성찰의 힘을 통해서만 자신의 진정한 의도와 성향, 목표를 깨달을 수 있다고 가정하는 것이다. 다시 말해서 오로지 고되고 기나긴 탐색을 통해서만 진정한 자아에 완벽하게 다가갈 수 있다고 믿는 것이다. 하지만 그건 잘못된 생각이다. 그 여정에서 우리가 신뢰할 수 있는 나침반으로 사용하는 것은 다름 아닌 자신의 감정이기 때문이다. 물론 내 말에 반박하며 순전히 자신의 느낌을 따르라고 주장하는 사람들도 있고, 자신의 직관이나 내면의 목소리를 따라 모든 결정을 내리라는 말은 매우 유혹적으로 들린다. 하지만 그렇다고 그것이 우리가 갈망하는 자기 인식이라는 깨달음을 우리에게 가져다주지는 않는다.

스탠퍼드 대학의 심리학 교수 에릭 슈비츠게벨은 확신을 가지고 이렇게 말한다.

“현재 우리 인식에 대한 자기성찰은 결점으로 가득 차 있고, 신뢰할 수 없으며, 오해의 소지가 많다. 그저 임의적으로 잘못된 것이 아니라 엄청나게, 그리고 지속적으로 잘못되었다.”

이 심리학적 발견을 진지하게 받아들인다면 우리는 깨달아야 한다. 우리의 찰나적 감각과 감정보다 실수와 오해, 오류를 범하기 쉬운 것은 없다는 사실을 말이다. 그러므로 아무리 끊임없이 자기성찰을 통해 내적 삶을 탐구한다 하더라도 우리는 결코 ‘나는 누구인가?’라는 물음의 만족스러운 대답에 도달할 수 없다.

한계를 아는 자기 인식의 기술

스토아학파는 부정적인 자기 인식의 기술이라고도 할 수 있는, 근본적으로 다른 길을 선택한다. 우리는 개가 아니고, 책상이나 천사, 신이 아니며 식물도, 심지어 스토아 철학자도 아니다. 하지만 스토아 철학자처럼 자아의 한계를 인식할 수 있으며 이를 통해 우리가 아닌 모든 것을 인식할 수 있다. 가령 우리는 영원히 살 수 없으며 우리의 존재는 한정되어 있고, 우리의 삶은 불멸이 아니라 일시적이며, 세상에서 완전히 자유롭지는 않고 타고난 운명 같은 것에 얽매여 있다. 죽음이나 타인의 감정, 타고난 가정환경, 자연재해나 전쟁을 비롯한 여러 가지 문제들…. 이 모든 것은 우리가 직접 통제할 수 없는 것인데 바로 이것들이 우리의 행복이나 불행을 결정하는 경우가 많다.

스토아적 세계관에서 볼 때, 우리의 존재는 광활한 우주라는 전체에서 찰나로 존재하는 일부에 지나지 않는다는 통찰과 같이, 한계와 제약을 통해서 비로소 인식을 할 수 있다. 스토아적 자기 인식은 주관적 자아와 거기서 비롯되는 주관적 감정에서 출발하는 대신, 무엇보다 존재의 한계와 조건에 대한 깨달음에서 시작된다. 우리 현대인의 귀에 약간 추상적이고 이상하게 들릴 수 있지만 이는 매우 구체적인 의미가 있다. 여기서 스토아인들이 세계를 보는 방식을 이해할 필요가 있다. 이들에게는 우주의 모든 것이 조화롭게 연결된다.

"만물은 서로 얽혀 있으며 그 유대는 신성하다. 이 세상에 서로 관련이 없는 것은 아무것도 없다."

스토아 철학자이자 황제였던 마르쿠스 아우렐리우스는《명상록》에 이렇게 썼다.

"이 세상 만물은 서로 조화를 이루며 세상의 조화로움을 지향한다."

사실 얼핏 무해하고 거의 낭만적으로 들리는 이런 생각 뒤에는 급진적인 세계관이 있다. 스토아학파에게 우주는 단순히 제멋대로인 혼돈이나 임의적 사건이 만든 무작위적 결과가 아니다. 그보다 스토아적 관점에서 볼 때 우주는 합리적인 법칙과 원칙에 의해 지배되는 더 큰 질서를 가지고 있다. 궁극적으로 이 세상에서 일어나는 모든 일은 만물을 통해 작용하는, 헤아릴 수 없이 압도적인 조화의 산물이다.

조화로운 세계의 어두운 면

코로나 위기는 스토아학파들의 생각대로 모든 것이 상호 연결되어 있는 이 세계 질서의 부정적인 영향을 보여주는 예다. 그 사건은 자그마한 요소들이 일련의 돌이킬 수 없는 일들을 촉발시켜 전체 세계 질서에 어떻게 영향을 미칠 수 있는지를 보여주었다. 우리는 인간과 동물의 불행한 접촉이 어떻게 전염병을 낳았는지, 또 그것이 어떻게 전반적으로 연결되어 있는 세계에서 유행병으로 발전했는지를 고통스럽게 직접 경험해야 했다. 팬데믹과 싸우기 위해 취해진 봉쇄나 사회적 지원과 같은 사회경제적 조치들은 역으로 세계적인 불황과 경제 위기를 초래했다.

전 세계적 상호의존의 또 다른 예는 기후 변화다. 기후 변화는 한 지역에만 국한되어 눈에 띄는 현상이 아니라 전 세계에 걸쳐 사람들이 살아가는 방식을 변화시키고 궁극적으로 모두를 위험에 빠뜨리는 문제가 되고 있다.

이런 배경을 고려해보면 스토아학파의 전략은 급진적이지만 또 그만큼 현명해 보인다. 주관적인 감정과 관념에 빠져드는 대신, 이들은 무엇이 우리 인간의 한계를 만들고 무엇이 우리의 손아귀에서 벗어나는지를 자세하게 살핀다. 예를 들어, 팬데믹의 발생과 영향은 우리의 개인적인 통제를 벗어난다. 스토아적 세계관에서는 모든 인간이 운명과 유한성, 자연의 법칙과 그 특성, 내면적 속성과 불완전함 때문에 어쩔 수 없이 한계에 처하고 서로 연결될 수밖에 없다.

운명의 여신 포르투나

운명은 스토아학파의 세계관에서 본질적인 역할을 맡고 있다. 이들은 부와 가난, 성공과 실패, 때로는 삶과 죽음까지도 결정하는 행운과 운명의 여신인 포르투나의 모습을 종종 차용했다. 포르투나는 눈을 가린 채 운명의 수레바퀴를 돌리는 모습으로 묘사된다. 바퀴 위에 앉는 사람은 행복과 성공을 만끽한다. 반면 불행과 실패가 아래에서 기다리고 있다. 누구에게도 정해진 장소가 없다. 바퀴의 맨 위에 앉을지, 맨 아래에 앉을지는 단지 시간 문제일 뿐이다.

포르투나는 고대 세계에서 가장 유명하고 힘이 센 여신 중 한 명이었다. 심지어 로마 제국 시대에는 아무리 까막눈이라 해도 모두가 포르투나를 알고 있었다. 오늘날까지도 우리의 언어 속에 여신의 영향력이 전해 내려오는데 가령 "운을 시험하는 게임인 인생"이나 "행운의 여신을 쫓아서"와 같은 표현들이 그 예다.

오늘의 스토아인을 위한 1분 철학

일상에서 위대함을 위한 공간을 만들자

당신의 삶, 당신의 상황, 당신의 내면에 대해 지나치게 주관적이고 개인적인 평가를 내리지 마라. 종종 큰 그림을 보는 시간을 가져야 한다. 자신이라는 존재의 한계를 탐구하려고 노력하고, 모든 것이 다른 모든 것과 연결되어 있다는 사실을 스스로 계속 상기해야 한다. 자신 또한 이 전체의 일부라는 사실을 말이다.

자연 속을 산책하고 낯선 사람들과 몇 마디라도 친근한 말을 주고받음으로써 당신의 삶에 지식과 경험을 위한 공간을 만들어보라. 수시로 명상을 하고 일상의 스트레스로부터 벗어나 휴식을 취해보라. 감정적으로, 정서적으로 매우 불안정하고 모순적이며 예측할 수 없는 덧없는 자아에만 집중하지 마라. 어차피 누구도 자기 자신을 완전히 파악할 수는 없으며, 자기 인식은 결코 완전하거나 최종적일 수 없다.

세계와 우리, 모든 것이 변한다

"창조된 모든 것이 어떻게 변화되는지를 생각해보고, 자연만큼 이미 존재하는 것들을 바꾼 다음 새로이 만드는 것을 좋아하는 것은 없다는 점을 깨달아야 한다. 말하자면 존재하는 모든 것에는 내일의 싹이 자라고 있다." — 마르쿠스 아우렐리우스

해마다 똑같다. 길고 황량한 겨울이 지난 후에, 자연은 서서히 깨어나기 시작한다. 여기저기서 희미한 녹색이 퍼져간다. 섬세한 꽃봉오리가 솟아오르고 낮은 날마다 몇 분씩 점점 길어진다. 그 변화는 너무 느리게 일어나고 너무 미미해서 우리는 거의 알아채지 못한다. 그러다 갑자기 모든 것이 매우 빠르게 바뀐다. 태양은 더 강하게 빛나고 주변의 색채는 더 강렬해지며 날씨는 훨씬 더 따뜻해지고 빛은 오랫동안 머무른다. 하룻밤 사이에 여름이 시작된 것 같다.

우리가 이렇게 느끼는 이유 중 하나는 우리의 뇌 때문이다. 우리의 뇌는 거의 감지할 수 없을 정도로 지속적으로 조금씩 변화하는 환경에 적응하도록 프로그래밍되어 있다. 매일 출퇴근하는 직장이나 정기적으로 여행하는 익숙한 경로를 떠올려 보라. 우리는 새로 공사가 시작되었다거나 하는 큰 변화가 있지 않고서는 일상적인 변화를 거의 눈치채지 못한다. 기차역, 주

차장, 백화점, 카페 등 정기적으로 방문하는 장소도 마찬가지다. 우리는 사소한 변화들은 대부분 별로 신경쓰지 않고 받아들인다. 사실 그 모든 장소는 몇 년 동안 많이 변했을 가능성이 매우 크다.

생각보다 더 많이 변하는 우리

덧붙이자면 이는 우리 자신이나 우리의 성격과도 그리 다르지 않다. 매일 우리는 우리 자신을 보면서 살아가므로 사소한 성격의 변화를 거의 알아차리지 못한다. 20~30년 전 당신이 어떤 사람이었는지 떠올려보라. 외모나 사는 곳, 일하는 장소에 대해서는 생각할 필요 없다. 다만 당신의 성격과 기질, 가치관이나 개인적 취향 등을 떠올려보라. 지금 당신의 모습을 당시 모습과 비교해보라. 앞에 언급한 성격이나 특징을 말하자면 당신은 얼마나 많이 바뀌었는가? 자신이 완전히 다른 성격을 가진 사람으로 변했다고 주장하는 사람은 극소수일 것이다. 하지만 대다수 사람은 구체적인 변화는 알아차린다.

다음은 내가 주관하는 '인생학교' 워크숍 참가자들에게 내가 항상 던지는 질문이다.

"당신은 앞으로 20년 동안 얼마나 변할까요?"

과거의 변화에 관한 질문만을 보면 그 결과는 놀라울 정도로 명확하다. 대다수 사람은 자신의 과거를 돌아보고 자신의 변화를 또렷이 인지하는 반면, 미래에 비슷한 정도로 자신이 변할 것이라 믿는 사람은 훨씬 적다. 압도적으로 많은 사람이 지난 20년에 비해 앞으로 20년 동안은 자신의 삶에 변화가 훨씬 적을 것이라 단정했다. 하지만 지금 당장 우리 삶의 여정이 멈추거나 급격히 느려질 가능성은 얼마나 될까?

왜 우리는 미래보다 과거를 더 신뢰할까?

우리는 종종 하버드 심리학자 대니얼 길버트가 '역사가 끝날 것이라는 착각End of History Illusion'이라고 부르는 것에 굴복한다. 그런데 한 가지는 확실하다. 우리는 과거와 마찬가지로 미래에도 변할 것이다. 앞으로 20년이 더 지나면 우리는 다른 취향과 가치관, 특성을 가진 다른 사람이 될 것이다.

대니얼 길버트는 우리의 자기 평가가 얼마나 잘못되었는지를 증명하기 위해 간단하고도 기발한 방법을 개발했다. 그 실험은 모두에게 두 가지 질문을 던지는 것이다.

1. 10년 전 당신이 가장 좋아하던 뮤지션이나 그룹의 이름은 무엇이었으며, 오늘 콘서트가 열린다면 그 티켓에 얼마를 지불하겠습니까?
2. 현재 가장 좋아하는 뮤지션이나 그룹의 이름은 무엇이고, 10년 후 이들이 여는 콘서트 티켓에 얼마를 지불할 의향이

있습니까?

이 두 질문에 대한 대답은 매우 다르다. 대부분의 사람은 지금으로부터 10년 전에 자신이 가장 좋아하는 뮤지션이나 그룹의 콘서트가 아니라 현재 가장 좋아하는 뮤지션이나 그룹에게 훨씬 더 많은 돈을 지불할 것이다. 이 차이는 두 가지를 동시에 증명해준다.

1. 대부분 사람은 현재 자신이 좋아하는 뮤지션의 공연을 보고자 하는 욕망으로 이런 결정을 내린다.
2. 우리의 취향은 시간이 지남에 따라 변하지만, 우리는 현재 상황을 이야기의 끝으로 삼는 경향이 있다.

40년 마법의 한계

나는 또한 워크숍 참가자들에게 이런 질문을 여러 번 하게 된다.

"당신은 스스로 고정되어 있고 변하지 않는 사람이라고 느끼나요? 아니면 유연하게 살면서 계속 변화하는 존재라고 느끼나요?"

그런데 답변을 보면 응답자의 나이와 성별과 관련하여 놀라운 경향을 발견할 수 있다. 약 40세까지는 대부분의 사람이 원칙적으로 자신의 모습이 변화무쌍하다고 믿지만, 약 40세 이후에는 이 마법이 한계에 다다르는 것 같다. 이 나이대의 참가자들과 상당히 많은 수의 남성들이 자아가 기본적으로 고정적이며 변화하지 않는 것이라고 대답하는 것이다. 자신의 성격에 대해 같은 질문을 던지면 그 대답은 훨씬 명료하다. 그러나 뇌 연구와 심리학에서는 이와 반대되는 사실을 거듭 확인시켜준다. 우리의 뇌와 성격은 일생 변화하고 진화한다. 대니얼 길버트는 우리가 생각보다 훨씬 더 빠르게 변하고 있다고 말한다.

생각보다 복잡하고 모순적인 세상

"사물을 예전과 다른 각도에서 보라. 그것은 새로운 삶을 의미한다." — 마르쿠스 아우렐리우스

아마 2008년 세계 금융위기를 기억할 것이다. 어떻게 아무도 이 위기를 예견하지 못했을까? 이 질문은 2008년 11월 엘리자베스 2세 여왕이 런던 경제학교 행사에서 던진 질문으로 경제학자들 사이에서 오래 회자되었다. 그날 참석한 경제학자 중 질문에 마땅한 답을 한 사람은 아무도 없었다.

몇 달 후, 33명의 저명한 교수들과 재정 전문가들이 여왕에게 편지를 보냈다.

"여왕 폐하, 모든 것을 고려해보면 이 나라뿐 아니라 전 세계의 수많은 지성으로부터 전체적인 시스템의 위험을 올바르게 평가할 수 있는 집단적 상상력에 큰 오류가 있었다고 볼 수 있습니다."

물론 금융위기의 원인은 돌이켜보면 설명할 수 있다. 하지만 그것은 하나의 원인으로 인한 것이 아닌 복잡한 원인들이 엮인 것이었다. 여기에는 세계 경제의 광범위한 구조와 관련된

중장기적인 상황의 전개뿐 아니라 부동산 가격 하락과 같은 단기적인 사건도 포함된다. 하지만 그 관계를 이해하는 일은 지루하고 시간이 오래 걸린다.

금융업계 내부에서는 당시 위기를 설명하기 위해 주로 파티의 상황을 예로 들었다. 모두 거대한 파티에 참석해서 요란하게 축하를 하고 즐겼지만, 마지막에 아무도 그 난장판을 치우지 않는다고 상상해보라. 이런 일이 반복되면 혼란이 오고 어느 순간이 되면 더 이상 나무로 가득 찬 숲을 볼 수 없게 된다. 이 이야기는 상황을 설명하기에 꽤 매력적일 뿐 아니라 상당히 설득력이 있다. 또한 우리가 단순하고 압축된 이야기를 얼마나 좋아하는지를 보여주는 좋은 예이기도 하다.

우리의 뇌는 단순한 설명을 좋아한다

로마 제국의 몰락을 예로 들어보자. 학창 시절의 역사 수업을 기억하는 사람이라면 아마도 로마 제국이 소위 야만인들과 치러야 했던 오랜 전쟁을 떠올릴 것이다. 하지만 그렇게 간단한 문제는 아니었다. 수십 년간 지속된 전염병과 로마 지배층의 내분도 제 몫을 했다.

또 다른 질문을 해보자. 1차 세계대전은 어떻게 시작되었는가? 대부분은 1914년 6월 28일 사라예보에서 벌어진 오스트리아—헝가리 왕위 계승자에 대한 암살 시도를 언급할 것이다.

이는 완전히 틀린 답은 아니지만 100퍼센트 맞는 답이라고도 볼 수 없다. 역사학자들은 당시의 상황이 더 복잡했으며 보다 우발적이었다고 말할 것이다.

당시에는 오늘날보다 암살 사건이 훨씬 더 빈번하게 발생했다. 따라서 세계대전은 더 일찍 일어날 수도, 더 나중에 일어날 수도, 혹은 전혀 일어나지 않을 수도 있었다. 다만 간결함을 추구하는 우리의 머릿속만이 이를 단순한 이야기로 탈바꿈시킨다. 그것이 대부분 우리가 접하는 이야기다. 우연과 복잡한 관계의 상호작용은 원인과 결과의 단순한 논리 바깥으로 뻗어 나간다. 하지만 복잡함은 피곤하고 많은 에너지를 필요로 하므로 우리의 뇌는 지나치게 복잡한 관계를 피해 자동으로 그것을 단순화하는 경향이 있다.

우리는 이야기를 좋아한다

우리는 알고 있다고 생각하는 모든 것에 의문을 제기하면서 영원히 질문을 이어갈 수 있다. 하지만 문제는 모든 질문에 결정적인 하나의 답이 있는 건 아니라는 사실이다. 이야기를 깊이 파고들수록 쉬운 답이란 없다는 사실을 점점 깨닫게 된다. 어떤 경우에는 한참의 시간이 지난 후에야 이해할 수 있는 이야기도 있다. 아무리 우리가 단순한 이야기를 바라더라도 많은 것들은 끝까지 복잡한 상태로 남아 있기도 한다.

그런데도 우리는 시작과 끝이 분명한 단선적인 이야기를 좋아한다. 이야기에는 모순이 없어야 하며 나름의 일관성이 있어야 한다. 그리고 그것들은 인과적 논리를 따라야 한다. 현실이 아니라면 이 모든 것이 아주 간단했을 것이다. 하지만 우리의 현실 세계는 우리가 생각하는 것보다 훨씬 더 복잡하고 모순으로 차 있다.

덧붙이자면 우리의 삶과 성격에도 같은 원리를 적용할 수 있다. 그래서 '나' 혹은 '자아'에 대한 탐색이 하나의 곧고 일관된 그림을 만들어낸다면 일단 의심을 할 필요가 있다. 실제의 당신 모습에서 더 멀리 떨어진 모습일 수 있기 때문이다. 진정한 자기 인식은 사물과 우리의 본성이 복잡하고 모순적이며 어떤 질문은 그저 답을 할 수 없는 상태로 남아 있기도 하다는 깨달음을 포함하는 것이다.

오늘의 스토아인을 위한 1분 철학

나를 뛰어넘어 성장하기

자전적 인생 이야기는 항상 우리가 생각하는 것보다 다양한 버전과 해석 가능성을 내포한다. 그러므로 힘든 어린 시절과 같은 지나치게 축약된 이야기에 현혹되지 말아야 한다. 이는 당신 자신뿐 아니라 타인에게도 해당한다. 자신이나 타인을 판단해야 할 경우가 있다면 단순한 관점에 굴복하지 않도록 면밀히 살피기 바란다. 특히 대인관계의 영역은 오해로 가득 차기 마련이다. 정확한 이유는 알 수 없지만 당신이 대하는 사람이 힘들거나 힘들어 보이는 상황에 처할 때도 종종 있다. 하지만 자신을 전기 속의 한 인물로 축약하는 오류를 피한다면 당신은 개인적 이야기의 경계를 넘고, 당신 자신과 당신의 과거를 초월할 수 있다.

나의 실패를 깨닫기

"자신을 정화하기 전에 자신을 먼저 알아야 한다."

— 세네카

우리의 성격이 완결되고 축약된 것이 아님을 깨닫는 일은 물론 중요하다. 하지만 자신을 이해하기 위해 더 중요한 것은 자신의 단점과 어두운 면을 인식하고 인정하는 것이다. 예를 들어, 친구와 '화내지 마세요'와 같은 보드게임을 하다 보면 당신은 잊고 있던 자신과 직면할 수 있다. 게임을 하는 동안, 경험했거나 관찰한 극단적인 감정이나 반응들, 통제력을 잃거나 잃을 뻔한 기억들을 떠올려보라. 화내고 짜증내고 분개할 때의 기분은 어땠는가? 팀의 실수나 불운으로 게임에서 졌을 때 자제력을 잃고 아이처럼 행동하지는 않았는가?

심리학자들은 어른이 아이와 같은 행동 패턴에 다시 빠지는 것을 퇴행이라고 부른다. 특히 배우자와의 격한 논쟁이나 아이들과의 언쟁, '화내지 마세요' 보드게임과 같은 예외적인 감정적 상황에서 퇴행 현상이 자주 발생한다. 이런 상황들은 모두 경쟁 심리와 분노, 불신과 원망, 공격성과 같은 최악의 내면적 상황을 이끌어낼 수 있다. 우리는 느닷없이 상대방을 속이고 싶거나 상대방의 유리한 부분을 억지로 부정하고 싶은 자신과 마주하게 된다.

장난스럽게 나를 풀어놓자

가족이나 친구들과 함께 모여 '화내지 마세요'와 같은 게임을 해보라. 게임을 하면서 평소처럼 완벽하게 평정심을 유지하는 것은 거의 불가능하다. 경기를 하다 보면 당신이든 상대방이든 분명 감정의 일상적인 한계를 넘어서는 상황이 발생한다. 당신이 이기든 지든 상관없다. 두 경우 모두 우리는 강렬한 감정에 휩쓸리게 된다.

모두가 지고 이기는 것을 즐길 수 있도록 충분히 여러 번 게임을 하고, 자신이나 상대방이 통제력을 잃더라도 놀라지 마라. 바로 이와 같은 상황이 우리의 삶에 필요하다. 바로 그런 순간이 자신이 싫어하는 진실을 확인할 수 있는 때다.

긴장을 풀기 위해 게임 중간이나 게임 후에 '젠가'와 같은 가벼운 게임을 해보기 바란다. 이 명랑한 게임은 분위기를 가볍게 해주고 다시 웃게 해주며 유대감을 느끼게 해줄 것이다.

물론 '화내지 마세요'와 같은 게임은 몇 가지 간단한 규칙만 있을 뿐 사실은 아무것도 아니고 큰 의미도 없다. 하지만 바로 이런 점에서 이 게임이 나 자신을 알기 위한 가장 완벽한 도구라고 할 수 있다. 어떤 것도 이런 게임들만큼 빠르고 효과적으로 우리 자신과 대면하게 하고 어두운 면을 끌어내지는 못하기 때문이다.

사실 벌거벗은 현실을 그대로 직면하는 일은 쉽지 않다. 심리학자들은 우리 모두가 이런 회피 성향을 가진 사실을 잘 알고 있다. 우리는 이를 전형적인 자기기만이라 부르며 누구도 그것을 피해 갈 수 없다. 우리의 뇌는 부적절한 사실을 감추거나 숨기려고 하기 때문이다. 자기기만은 소프트웨어로 인간의 본성에 프로그래밍된다. 그러므로 누구든 자신의 결함과 실패, 실수와 모순을 그저 받아들이기는 쉽지 않다.

우리는 모두 자신의 나쁜 자질을 감추고 실제와 다르게 보이려는 경향이 있다. 또한 자기 이미지를 선택하여 보여주려 한다. 대부분의 우리는 자신을 통제력이 있고 침착하며 느긋한 인격을 가진 사람으로 보고자 한다. 하지만 자제력을 잃는 순간이야말로 진정한 자신을 정직하게 들여다볼 수 있는 시간이다.

부족함을 인정하는 용기

역설적으로 들리겠지만, 싫어하는 자기 내면의 모습이 우리를 특별한 방식으로 자극하여 발전으로 이끈다. 자신에게 더 솔직할수록 자신과 가까워지고 자기 인식도 향상된다. 이를 위한 가장 중요한 핵심 역량 중 하나는 급진적 수용의 태도다. 자기 안의 온갖 모순과 오류, 어두운 면을 민낯 그대로 볼 수 있는 사람만이 자신에게 좋은 삶이 무엇인지, 어떤 방식으로 그것을 발전시킬지에 답할 수 있다.

자기 인식이 없는 삶은 가치가 없다고 소크라테스는 말했다. 글쎄, 소크라테스만큼 과격하게 말할 수는 없겠지만 스토아 철학자들도 한 가지는 동의했다. 스스로가 누군지 모른다면 자신이 원하는 것이 무엇인지, 또 무엇이 좋은 것인지 알 길이 없다는 것이다. 그러므로 자신의 부족함에 대한 깨달음은 세네카의 말처럼 오롯이 '발견의 시작'이라고 할 수 있다. 부족함에 대한 자기 인식은 처음에는 불안을 안겨줄 수 있지만 궁극적으로는 더 큰 평온함을 안겨줄 수 있다. 자신의 어떤 부분을 방어하고 부정적 측면을 회피하려고 쓸데없이 에너지를 낭비할 필요가 없기 때문이다. 이로써 비현실적인 자아상을 유지하는 수고를 덜게 된다.

그렇다고 자신의 부족함이나 실수를 지나치게 크게 볼 필요는 없으며 단지 자신의 부정적인 면을 직시해야 한다. 여기서도 스토아학파의 가르침대로 적절한 균형을 찾는 것이 중요하다. 무엇보다 자신의 자기 인식 능력을 과대평가하지 말아야 한다. 우리는 이를 과대평가하기 일쑤다. 쉽게 정리하자면 이렇게 말할 수 있을 것이다. 자신의 모순이나 부족함을 그대로 받아들이는 태도는 지나치게 자신과 감정을 들여다보고 이해하고 해석하려는 자기성찰적 태도보다 훨씬 진일보한 것이다.

오늘의 스토아인을 위한 1분 철학

자기 인식의 요령

- 자기 안의 이야기꾼을 믿지 마라. 완전한 자기 인식은 환상이며, 축약된 자기 이미지 또한 그렇다. 그러므로 단순화와 눈가림에 능숙한 인간의 속성을 간파해야 하고, 당신 자신에 대한 모든 이야기를 믿지 말아야 한다.
- 자신의 한계를 인정하라. 스토아적 의미의 자기 인식은 자신을 너무 심각하게 생각하지 말고 이 세상 모든 것이 다른 것들과 연결되어 있으며 나조차도 그 전체의 일부라는 진실을 받아들이는 것을 의미한다. 자신에 대한 탐색은 큰 전체 속에서 자신의 위치와 할 일을 찾아 나서는 여정이다.
- 자신을 뛰어넘어 성장하라. 자기 인식에 이르는 길은 자아상을 열어놓고 삶의 목적을 깨닫는 일을 통해 한층 선명해진다. 이를 통해 변화하고 성장하며 발전할 수 있다.
- 어두운 면을 받아들여라. 자신에게 가는 길은 여러 오류와 성격적 단점이라는 길을 통과해야 한다. 자신을 향한 솔직하고 아낌없는 응시가 필요하다. 자신을 더 현실적으로 볼수록 자신이 원하는 사람이 될 수 있다.

2장

내면적 고요의 비밀

어떻게 감정을 조절할까?

"자신을 단련해온 사람은 한결같은 고요함과
심연에서 솟아나는 기쁨으로 자신의 삶을 있는
그대로 누리며, 결코 자신보다 위대한 무엇을
갈망하지도 않는다."

— 세네카

내면의 고요함과 활력은 '좋은 삶'의 부산물

> "모든 일을 원하는 대로 일어나게 하려고 애쓰지 말고 일어날 일은 일어날 것이라고 소망한다면, 그대의 삶은 평온하게 흘러갈 것이다." — 에픽테토스

철학자 플라톤은 우리의 머리를 두고 새 둥지와 같다고 묘사한 적이 있다. 수수하거나 화려한 깃털을 가진 크고 작은 온갖 종류의 새들이 새 둥지 주위를 항상 날아다닌다는 것이다. 어떨 때는 부드럽게, 어떨 때는 큰 소리로 지저귀는 새소리에 우리는 종종 우리 자신의 머리가 어디에 있는지도 잊어버린다. 플라톤의 묘사에 따라 우리는 하나의 이미지를 만들어낼 수 있다. 생각과 내면적 불안이 빚어낸 동그라미의 모습이다.

이 새 둥지와 반대되는 이미지로 고대의 철학자 플라톤은 '영원의 고요한 바다'라는 개념을 제시했다. 이것은 내면의 평화와 정신적 평정의 상태를 의미한다. 마지막으로 에피쿠로스는 '마음의 평화'를 모든 철학의 목표라고 선언했는데, 이 같은 이상은 오늘날에도 여전히 수많은 사람에게 울림을 주고 있다.

내면적 평화의 역설

나쁜 소식을 먼저 전하자면 내면의 평화란 일단 성취하기만 하면 영원히 유지할 수 있는 상태가 아니다. 버튼 하나만 누르거나 클릭 한 번으로 찾아오는 내면의 평화 스위치란 존재하지 않는다. 또 내면의 평화로 가는 길이 하나뿐인 것도, 모든 사람에게 똑같이 작용하는 만병통치약이 있는 것도 아니다. 게다가 어느 정도의 내면의 불안은 우리가 받아들이건 말건 우리 삶의 일부다. 세네카는 "언제나 행복하고 아무런 감정의 동요 없이 삶을 살아가는 것은 자연의 한쪽 측면만을 아는 것을 의미한다"라고 썼다. 마지막으로 이 '나쁜 소식'은 끊임없이 행복해야 하고 내면의 평정을 유지해야 한다는 압박감으로부터 우리를 놓아준다.

여기서 가장 중요한 스토아적 원칙으로 꼽고 싶은 것은 내면의 평화와 행복은 그 자체로 목적이 아니라는 것이다. 다시 말해 휴식을 위한 휴식이란 의미가 없다는 말이다. 행복과 마찬가지로 내면의 평화란 좋은 삶의 부산물일 뿐이다. 스토아 철학자들에게 좋은 삶이란 스토아 철학의 원칙에 따라 살며 삶의 모든 순간과 모든 영역에서 네 가지 중요한 덕목인 용기, 정의, 지혜, 평정을 포용하는 것을 의미한다.

그러므로 마음의 평화가 찾아올 그날까지 앉아서 무작정 명상만 하는 것은 의미가 없다. 오히려 내면의 평화와 행복은 우리가 알맞은 조건을 만들어낼 때 자연스럽게 찾아온다. 내면의 평화는 역설적인 측면도 있다. 한편으로 스토아 철학자들에게 이는 항상 함께해야 하는 가장 높은 선이며 그것 없이는 생각과 실천을 제대로 할 수 없다고 본다. 반면에 이를 얻기 위해서 우리는 무엇인가를 해야 한다. 여기에 덧붙여 삶의 환희와 즐거움은 우리가 내면의 평화와 평정을 습관으로 삼을 때 거둘 수 있는 가장 중요한 결실 중 하나다.

평화가 가득한 마음을 위한 신경망

내면의 평화와 평온한 태도를 위한 가장 중요한 전제 조건으로 신경학자들은 디폴트 모드 네트워크default mode network라고 부르는 상태를 이야기한다. 우리의 두뇌는 자동으로 이런 신경망을 작동시키는데 이 신경망은 우리가 바깥세상에 대한 관심을 멈출 때 비로소 활발해진다. 하지만 동면 상태와 비슷한 이 상태는 우리가 외부 세계의 일을 마치는 데 관심을 집중하면 연결이 끊어진다. 특히 시각적으로 집중이 요구되는 상황에 놓이면 이 휴식 상태의 신경망은 사라지게 된다. 다만 우리가 외부 세계에 대한 집중을 멈추는 순간에 신경망은 즉시 다시 작동된다. 그 시간은 1초가 채 되지 않는다.

구체적인 외부 과제로부터 관심을 돌린다고 해서 세상을 등지거나 현실에서 도피하는 것은 아니다. 오히려 이 상태는 오롯이 자기 자신으로 돌아와 동시에 다른 이들과의 연결을 느끼는 편안한 존재의 모드에 가깝다. 아침에 일어날 때나 밤에 잠자리에 들 때, 우리의 뇌는 이 특별한 존재 방식을 활용한다. 이 모드는 종일 우리를 따라다니는데 심지어 꿈을 꿀 때도 이 신경망은 활성화되어 있다. 이 모드에서 우리가 자동적으로 할 수 있는 일은 다음과 같다.

- 자기 안에서 휴식하며 자신이 사회적 환경과 연결되어 있다고 느낀다.
- 공유된 경험을 직관적으로 느끼며 주변 사람들에게 친밀감을 느낀다.
- 자신과 다른 사람들이 한 말과 행동을 반성한다.
- 자신과 다른 사람들이 하지 않은 말과 행동에 대해서도 곰곰이 생각해본다.
- 새로운 경험을 할 수 있다.
- 창의성을 일깨울 수 있다.

자신과도 타인과도 조화를 이루며 행복하고 쾌활하게

간단히 말해서, 디폴트 모드 네트워크는 자신과 주변 환경 사이에서 조화를 이루고 일상생활에서 내면의 평화와 편안한 태도를 발전시키기 위한 이상적인 생물학적 전제 조건이다. 평온함과 마음의 평화란 자신을 걸어 잠그고 어떤 일이 닥치더라도 완강하게 견디는 것을 의미하지 않는다. 오히려 새로운 경험을 향해 마음을 열고 창의적으로 생각하며 자발적으로 행동할 때 평온함이 우리 안에 펼쳐질 수 있다.

느긋한 태도와 내면의 평화로 이어지는 것들은 다음과 같다. 긍정적인 태도와 직관적인 공감, 삶을 즐기는 태도, 그리고 네 가지 기본 덕목인 신뢰, 통제, 자기 인식, 자기감정을 조절하는 능력이다. 스토아인들에게 평온함과 평화란 자신을 지속해서 갈고닦은 결과이며 이는 마음에서 우러나오는 기쁨과 평온을 가져다준다. 세네카에 따르면 평온한 상태는 '흔들리지 않고 잔잔한 커다란 행복'을 통해 특히 두드러진다. '영혼의 평화와 조화, 위대함과 부드러움이 결합한 모습'은 내면의 평화와 여유로운 태도가 결합한 지극히 이상적인 상태다.

"우리를 흥분시키거나 두렵게 하는 것이 일단 물러나면 마음의 평안과 내면의 자유가 지속적으로 이어진다는 것을 알 수 있다."

오늘의 스토아인을 위한 1분 철학

열정이 아닌 마음의 평화

- 아타락시아Ataraxia는 그리스어로 '마음의 평화'를 의미하며, '동요하지 않는 마음'으로 번역되기도 한다. 이보다 더 적절하게 스토아인의 이미지를 잘 표현하는 말은 없을 것이다. 이는 스토아 철학자들뿐 아니라 에피쿠로스도 전파한 이상이다. 마음의 평화란 무엇보다도 괴로움 없이 자신의 욕구나 감정을 지혜롭게 다루는 것을 의미한다.
- 아파테이아Apatheia는 '욕구에서 해방된 상태'를 의미하며, 욕구를 넘어서려는 스토아적 이상을 묘사한 표현이다. 아파테이아 상태에서 스토아 현자는 자신의 감정을 조절하고 자신의 감정에 의심이 들 때는 돌아설 줄 안다. 파도를 맞이하는 바위처럼 가장 험난한 조건에도 맞설 줄 안다. 이처럼 외부의 영향에 맞서 자신을 조절하는 모습이 때로는 무관심과 감정적 냉담함, 무심함으로 보일 수도 있다. 하지만 실제로는 자신의 감정이나 욕구로부터 내적 해방을 이루려는 태도이며, 그 안에서 온화함, 즐거움, 친근함이 수행과 일관된 조절, 강한 에너지만큼 핵심적인 요소로 자리한다.

통제할 수 있는 것과 통제할 수 없는 것

"우리는 우리의 생각과 결정, 욕망과 혐오 등 우리의
내면에서 우러나오는 모든 것을 통제한다. 반면
우리의 몸이나 소유물, 명성, 지위 등 외부에서
생겨난 것들은 통제하지 못한다." — 에픽테토스

세네카는 어린 시절부터 천식과 만성 기관지염을 앓았다. 특히 이로 인해 유리한 기후 조건에서 병을 고치기 위해 그는 이집트에서 10년을 보냈다. 이후 병세가 많이 호전되어 로마로 돌아와 활동할 수 있었다. 하지만 허약한 폐로 인한 각종 증상은 평생 세네카를 따라다녔고, 이는 또한 그의 생각과 글쓰기에 영향을 미쳤을 가능성이 매우 크다.

호흡이 자유롭지 않을 때 우리는 답답함과 구속감을 느낀다. 한두 번이라도 독감에 걸려본 사람이라면 호흡곤란 증세를 겪어보았을 것이다. 만약 이 상태가 오래가거나 평생 지속된다면 우리는 자신의 유한성을 더 예민하게 느낄 것이다. 가령 세네카는 천식 발작을 겪은 후에 자신이 곧 죽을 것이라 생각했다. 이 경험은 그가 인간의 유한성과 죽음에 대한 공포를 끊임없이 사유하는 계기가 되었고 이 사유는 그의 가르침 속으로 자연스럽게 흘러 들어갔다.

나만의 창의적 자유

모든 스토아 철학자들이 성찰한 명제를 세네카는 극단적인 방식으로 직접 경험한 사람이다. 즉 우리의 신체는 우리의 통제 밖에 있으며 우리가 어찌할 수 없는 것 중 하나라는 사실이다. 그러므로 에픽테토스는 우리의 몸을 한시적으로 빌려 쓰는 것으로 간주하라고 조언했다.

물론 우리는 어느 정도 자신의 신체에 영향을 줄 수 있다. 호흡운동이나 신체 단련을 통해 호흡을 편안하게 하고 건강을 향상할 수 있다. 또한 의식적인 동작을 통해 근육을 단련하는 것도 가능하다. 하지만 신경계나 유전적 성향, 타고난 신체적 약점 등을 생각해보라. 우리의 신진대사 능력이나 어린 시절의 병력, 성별이나 성적 지향을 생각해보라. 우리는 그것을 어느 정도 통제할 수 있는가?

임신 중에 겪는 신체적 변화나 자녀의 외모와 성격 같은 것은 말할 것도 없다. 삶의 많은 것들이 사실 우리 손안에 있지 않다. 우리는 언제 어떻게 죽을지도 모르고(스토아학파에서 선택사항으로 보는 자살은 예외다), 다른 사람들이 우리를 어떻게 생각하는지도 알 수 없으며, 자연재해나 유행병을 통제할 수도 없다.

분별을 배우면

스토아학파는 우리가 통제할 수 없는 것에 너무 몰두하는 것이 우리가 살면서 느끼는 불안과 동요의 중요한 원인이라고 본다. 구체적으로 말하자면 삶을 느긋하게 받아들이고 싶다면 매 순간 자신이 영향을 미칠 수 있는 것과 그렇지 않은 것을 지각해야 한다는 것이다. 이것이야말로 에픽테토스가 우리의 삶에서 핵심적으로 길러야 할 힘이라고 부른 것이다.

"인생에서 필수적인 일은 내가 통제할 수 없는 외부 상황과 내가 통제하고 내릴 수 있는 결정이 있다는 것을 깨닫기 위해 사물을 인식하고 구별할 수 있는 능력을 키우는 것이다."

궁극적으로 우리에게 닥치는 모든 상황과 사건을 판단하는 데는 우리가 얼마나 많은 의사결정권과 창조적 자유를 가지고 있는지가 기준이 될 수 있다.

원래 그렇다

아마도 대부분 사람은 우리가 할 수 있는 일도 있지만 그렇지 못한 일도 분명 있다는 말에 한 치의 의심 없이 고개를 끄덕일 것이다. 그런데 스토아학파의 급진적 세계관을 명확하게 하는 또 다른 사상이 있다. '선'과 '악'은 외부 환경에 달려 있지 않고 우리가 영향을 미칠 수 없는 범위 밖의 것도 아니라는 생각이다. 우리의 능력 바깥에 있는 것은 선하지도 않고 악하지도 않다. 그저 원래의 모습이 그럴 뿐이다. 에픽테토스는 "어디서 선과 악을 찾을 수 있는가?"라고 묻는다. 그리고 대답은 명확하다.

"그것은 내 능력 바깥에 있는 것들이 아니라 나와 내가 하는 선택에 있다."

현대 언어로 번역하자면 이 스토아적 지혜는 우리가 무엇을 어떻게 평가하고 반응할지는 순전히 우리 책임이라는 것이다. 부모나 언어, 친구, 문화와 같은 우리의 삶에서 결정적인 상황이나 영향을 우리는 제한적으로 통제하고 조종할 수 있을 뿐이다. 마찬가지로, 휘트니 휴스턴이나 배리 화이트의 목소리를 타고나는 축복을 우리는 선택할 수 없다. 또 다른 사람이 나를 어떻게 대하는지, 어떤 사람이 나의 마음에 드는지도 나의 선택 밖의 일이다. 이 모든 것은 에픽테토스가 말한 대로 우리에게서 생겨나거나 발전되는 것이 아니다. 하지만 그것을 어떻게 보고 어떻게 받아들이는지는 우리에게 달려 있다. 우리는 언제나 좋은 사람이 되기를 선택할 수 있다. 마르쿠스 아우렐리우스는 말했다.

"행복한 사람은 스스로 행복을 창조하고 느끼는 사람이다. 하지만 행운의 열쇠는 좋은 마음가짐과 좋은 성향, 좋은 행동에 있다."

초점 옮기기

에픽테토스는 네로 황제 밑에서 노예로 살다가 자유의 몸이 되었으며 이후 당대의 가장 존경받는 스토아 철학자 중 한 명이 되었다. 그는 자신의 몸이나 명예, 사회적 지위를 마음대로 할 수 없다는 것이 무엇을 의미하는지를 뼈저리게 경험한 사람이었다. 노예가 주인에게 속한 '소유물'로 여겨지는 것은 괜한 말이 아니다. 그런데 자신의 몸조차 자기 소유가 아닌 상황에서 스스로 조절할 수 있는 것에 더욱 집중할 수 있다. 즉 믿음이나 감정, 혐오와 선택, 욕구와 의도를 집중해서 들여다볼 수 있다. 우리는 모두 어느 정도는 특정한 조건의 '노예'가 아닌가? 사실 우리는 모두 나름의 취약점과 괴로움, 강박에 시달린 경험이 있다. 그리고 그것은 마음대로 바꾸기 어렵다.

더 고요하고 평온한 내면을 가꾸고 싶다면 스토아 철학자들의 가장 중요한 조언에 귀를 기울여야 한다. 우리는 바꿀 수 없는 것에 덜 집중하는 대신 적극적으로 영향을 미칠 수 있는 것에 더 집중해야 한다. 무엇보다도 여기에는 특정 상황에 반응하는 우리의 생각과 감정이 포함된다. 감정 촉발 요소와 감정적 반응을 끊임없이 구별하는 태도는 관점을 바꾸는 데 도움이 되고 일상생활을 보다 평온하게 대할 수 있도록 해준다. 물론 여기에는 솔직한 자기 인식을 많이 필요로 하며 이와 더불어 일상생활 속 부단한 수행과 실천도 중요하다.

오늘의 스토아인을 위한 1분 철학

통제의 동그라미를 그리기

- 먼저 A4 용지 위에 작은 원을 그리고 그것을 '나 자신'이라고 불러보자. 당신의 생각과 감정, 신념, 습관, 목표와 같이 당신이 적극적으로 영향을 미칠 수 있는 모든 것을 적어보라.
- 다음에는 이 작은 원 주위에 더 큰 원을 그려보자. 이 원 안에 당신의 영향력을 다소 벗어난 모든 것을 적어본다. '나 자신'에게서 멀어질수록 그것을 통제하기 힘들어진다. 가령 바깥에는 선천적 병력이나 출생일, 사망일 같은 것이 놓이게 된다.
- 생각해보라. 당신이 바꾸고 싶지만, 통제할 수 없는 요소는 무엇인지. 가령 배우자의 행동이나 당신의 계좌 잔액, 당신을 불편하게 하는 경쟁자의 성공이나 당신의 외모 등이 이에 속한다.
- 매일 자신에게 물어보라. 내가 통제하기 힘든 큰 원 안의 일들에 나는 얼마나 많은 시간을 투자하고 싶은가? 내가 현실적으로 만들어가고 영향을 미칠 수 있는 작은 원 안의 일들에 나는 충분히 주의를 기울이고 있는가?

내면의 고요함에 대한 도전

> "분노의 가장 좋은 치료법은 유예다. 무조건 용서하라고 화를 낼 것이 아니라 우선 차분히 생각을 해보라." — 세네카

마음의 평화와 평온함을 해치는 가장 큰 도전은 우리에게 두려움과 스트레스를 주는 상황들이다. 이런 상황은 종종 증가한 맥박, 더 높은 심박수나 호흡과 같은 신체적 증상을 동반하는데, 이는 다시 불안과 스트레스 감정을 증가시킬 수 있다. 이런 상황에서는 누구든 진땀이 나거나 목소리가 떨리거나 입안이 바싹 마르곤 한다. 이 모든 것이 대체로 우리 내면의 평화를 앗아간다. 세네카는 이렇게 썼다.

"그럴수록 우리는 미로 속을 미친 듯이 달리는 사람처럼 느껴진다. 바로 이런 서두름이 우리를 미궁 속으로 빠뜨리는 것이다."

우리가 스트레스를 받을 때

스트레스가 많은 상황에서는 편도체라고 불리는 뇌의 영역

이 활성화된다. 편도체는 변연계의 일부인데, 감정과 관련된 영역을 전체적으로 책임지고 있다. 두려움이나 사랑, 증오, 기쁨, 분노, 슬픔과 같은 모든 감정은 변연계에서 촉발된다. 우리가 경험하는 기억의 내용도 이 감정 센터에 저장되어 있다. 기억이 종종 감정적으로 채색되거나 내면에서 구체적인 감정을 촉발하는 것은 바로 이런 이유 때문이다.

편도체는 우리의 생존 본능이 작용하는 장소이기도 하다. 위험이 닥쳤을 때 분노나 고통, 두려움이나 긴장, 걱정이나 공격성 등 온갖 부정적 감정이 발생하면 편도체 영역이 활성화된다. 그 영향 아래서 우리는 충동적이고 감정적으로 행동하는 경향이 있고, 기존의 활성화되어 있던 평정의 네트워크는 즉시 연결이 끊겨버린다. 그 외에도 편도체의 기능은 알코올에 의해 손상될 수 있으며, 이는 위험을 감수하려는 의지를 증가시킨다. 위험에 직면할 때 우리는 보통 편도체에 고정된 세 가지 선천적인 전략을 활성화한다.

1. 도망
2. 공격
3. 얼어붙기

진화심리학자들은 이 세 가지 행동을 통해 우리의 초기 조상들이 위협적인 상황에서 어떻게 반응했는지를 추측할 수 있었다. 위협의 성격에 따라 상황을 피하거나, 직접 공격하거나, 곧장 가만히 서 있는 것이 생존에 결정적인 영향을 미칠 수 있다.

압도당하는 뇌

오늘날 우리는 과거의 조상들과는 다른 위험에 노출되어 있다. 우리 삶에서 맞이하는 갈등은 단순한 도망이나 공격 혹은 얼어붙기 이상의 전략을 필요로 한다. 하지만 삶의 환경이 바뀌었다고 해도 두뇌가 작동하는 방식은 거의 변하지 않았다. 다른 말로 하자면, 우리 뇌의 많은 부분이 현대 일상생활의 복잡한 구조에 압도된 것이다.

생명을 구제하는 데 사용되었던 입증된 전략과 신경 메커니즘은 오늘날 우리 사회에서는 돌이킬 수 없을 정도로 시대에 뒤떨어진 것이 되었다. 오늘날 우리가 겪는 위협은 생명의 위협보다는 덜하지만, 더 섬세하고 복잡한 대처 전략을 요구하는 것이 대부분이다. 사람들은 또한 시간이 지남에 따라 시대에 걸맞은 예법을 발전시켰다. 마음속에서 스트레스를 받을 때마다 당신이나 회사 동료가 타고난 본능을 따른다고 생각해보라. 그렇게 되면 어떤 회의나 논쟁도 그 끝은 실패로 귀결되고 말 것이다. 하지만 타고난 전략인 도망이나 공격 혹은 얼어붙기의 기본 패턴은 우리의 삶에서 아예 사라진 것은 아니어서 특히 스트레스가 많은 상황에서 이런 전략이 활성화되는 경우가 많다.

충동적 반응과 부정적 감정을 잘 소화하고 대인관계에서 발생하는 갈등을 건설적으로 대처하는 것은 마음의 평정을 얻기 위한 과정에서 가장 중요한 기술 중 하나다. 이를 위해서 우리는 자신의 내면세계와 그 속에서 발생하는 여러 갈등 요소들을 지속적으로 바라보아야 한다. 세네카의 말처럼 "우리를 괴롭히는 것은 폭풍이 아니라 뱃멀미"다.

피로도에 따라 달라지는 판단력

이스라엘의 사법적 결정에 관한 연구를 보면 피로가 재판에 영향을 상당히 미치는 것으로 드러났다. 오전에서 오후로 넘어갈수록 재판관들의 판결은 점점 가혹해졌다. 반면 오전 시간과 점심 식사 후에는 판결 내용이 평균적으로 훨씬 온건했다. 심리학자들은 피로와 고단함이 판결에 영향을 미친다고 설명한다. 판사들이 활력이 넘치고 여유로울수록 긍정적이고 우호적인 결정을 내린다는 것이다. 또 다른 연구에서는 의사들이 항생제를 처방할 가능성이 장기간 일을 하고 나서 더 높아진다는 사실과 사람들이 오후보다 오전에 더 정직하다는 사실이 밝혀졌다. 이 모든 연구 결과는 피로가 커지면서 스트레스 수준을 증가시키고, 침착한 태도를 앗아가 보다 충동적인 반응을 유도하여 신중한 의사결정을 방해한다는 사실을 시사한다.

내면의 불안감을 긍정적으로 보는 법

어느 정도의 외부 스트레스 유발 요인은 어쩔 수 없지만 내부에서 느껴지는 스트레스에는 직접적인 영향력을 발휘할 수 있다. 스트레스나 압박감이 밀려오는 상황이 되면 우리는 곧장 그것에 적절하게 대처할 방법을 찾아낼 수 있다. 그 방법은 다양하며 우리는 다음과 같은 선택권을 가진다.

재해석

이는 입증된 전략인데, 스트레스를 긍정적 원동력으로 보고, 당면한 어려움에 적응하기 위한 우리 뇌의 특별한 능력으로 해석하는 것이다. 우리는 스스로 이렇게 말해줄 수 있다. 일시적인 스트레스는 우리의 두뇌를 움직이게 하고, 업무능력을 향상시켜 궁극적으로 해야 할 일을 능숙하게 해내도록 도움을 준다고. 하지만 스트레스 증가가 너무 오래 지속되지 않고 충분히 이완 단계를 거치도록 하는 것이 중요하다.

회피

스토아 철학자들의 말에 따르면 우리는 무수한 스트레스의 원인을 미리 차단하고 두려움과 분노의 근원을 제거할 수 있다. 여기에는 피로와 배고픔, 수면 부족과 같은 우리의 에너지를 앗아가는 침략자들을 피하는 전략도 포함되어 있다. 이런 것들은 불필요한 다툼과 성급한 반응을 불러오는 악순환이기도 하다. 그리하여 결국 더 심하게는 결정적으로 우리의 에너지를 빼앗아가는 대인관계의 갈등으로 이어질 수 있다. 실제로 끊임없는 다툼이나 격한 논쟁만큼 우리를 지치게 하고 소진시키고 불안하게 하는 것은 없다. 알베르트 아인슈타인이 갈등 상황을 해결하는 방식에 대해 말한 부분을 기억해보자.

"똑똑한 사람은 문제를 해결한다. 지혜로운 사람은 그것을 피한다."

조절

마지막으로 가장 중요한 것인데, 스트레스를 불러일으키며 이로 인한 정서적 불안정과 불안감을 키우는 것은 우리가 자신의 부정적 감정을 제대로 다루지 못한 결과다. '나쁘다'고 느끼는 것은 충동적으로 반응하여 그런 감정에 큰 여지를 주기 때문이다. 스토아 철학자들뿐 아니라 플라톤이나 다른 여러 고대 철학자들, 그리고 현대의 심리학자들도 감정을 따르는 것은 제한된 범위 내에서만 이루어져야 한다고 생각한다. 통제와 영향력을 조절하는 것은 부정적 감정을 다루는 데 중요한 기술인 것이다.

감정과 생각의 속도를 늦춰보자

우리의 행복과 성취 능력이 얼마나 자기 통제와 자기 수양의 능력에 달려 있는지는 학계에서도 반복적으로 강조하는 내용이다. 자기 수양은 탈진하지 않도록 도움을 주고 강력한 자기 통제는 부정적 감정을 관리하도록 해준다. 플라톤과 스토아학파까지 거슬러 올라가는 오래된 감정 조절의 목적은 감정 메커니즘을 불신하고 방해하는 것이었다.

인지심리학자이자 2002년 노벨 경제학상 수상자인 대니얼 카너먼은 우리 뇌의 특정 부분에서 발생하는 메커니즘이 이를 관장한다고 하면서 '시스템 1'이라 불렀다. 신속하게 생각을 작동시키는 이 사고 시스템은 일종의 '정신적 권총'으로서 번개 같은 속도로 원인과 결과를 연결 지어 경험과 결합시킨 다음 일관된 하나의 이야기를 만들어낸다. 편도체의 지원을 받아서 이 사고 체계가 발동하면 디폴트 모드 네트워크는 즉시 꺼지고 동시에 각종 스트레스 호르몬이 분비된다. 이 모든 것은 우리의 기분뿐 아니라 결정을 내리고 수행하는 우리의 능력에도 영향을 미친다.

빠른 사고는 항상 '시스템 2'와 충돌한다. 카너먼에 따르면, 우리 뇌 속의 시스템 2는 느린 생각과 의심, 철저한 분석과 같은 요소를 책임진다. 시스템 1보다 느릴 뿐 아니라 더 고달픈 일을 한다. 시스템 2가 자료들을 뒤적거리느라 바쁠 때 시스템 1은 벌써 오래전에 원인을 규명하고 성급한 행동에 돌입한다. 하지만 우리의 빠른 사고는 복잡한 상황에 대처하는 능력이 모자란다. 이는 코로나 위기에서도 어김없이 등장했는데 수많은 즉흥적 반응이 난무하는 것을 우리는 볼 수 있었다. 데이터 상황이나 연구 결과는 거의 매일 바뀌었으므로 많은 이들이 뭔가 잘못되어가고 있다는 회의감을 표출했다. 시스템 1의 빠른 두뇌 회전은 미래의 가능성에 대해서는 쉽게 길을 잃어버리고 만다. 그래서 복잡한 세상을 이성적으로 이해하고 감정적으로 동요하지 않기 위해서는 느린 사고방식인 시스템 2가 절대적으로 필요하다. 이를 위해서 우리는 빠른 생각의 감정적 충동에 저항하는 법을 배워야 한다.

개에게 배울 점

두 마리의 개가 만나면, 보통 처음에는 극도로 천천히 다가가며 서로에게 온통 관심을 집중한다. 속도를 늦추는 이 전략은 무엇보다 상대 개를 자극하는 것을 피하고 두 번째로 자신의 스트레스 수준을 낮추기 위한 것이다.

다음번에 당신이 스트레스를 받거나 허둥거린다는 느낌이 들면 일단 속도를 줄여보기 바란다. 얼마간 훨씬 느리게 행동해보라. 하던 일을 계속하되 급속도로 속도를 줄여보라. 그리고 스스로 이렇게 말해보라.

"나는 서두르지 않고 느림의 힘으로 내 목표를 달성할 것이다."

내면의 불안을 잘 극복하고 싶다면

스토아식 자기조절이라는 이상은 우리의 빠른 사고를 미루고 느린 사고를 적극적으로 활용하는 것을 목표로 한다. 이런 의미에서 세네카가 말한 '유예'의 의미에 주목할 필요가 있다. 이는 대니얼 카너먼이 말한 것과 일맥상통한다.

"우리는 자신이 인지의 지뢰밭을 걷고 있다는 신호를 받아들여서, 정신적으로 속도를 늦추고 시스템 2에 지원을 요청해야 한다."

앞에서도 말했듯이 스토아 철학자들은 부정적인 감정이 엄청난 스트레스를 불러오므로 평온함을 유지하는 데 가장 큰 위협이 된다고 보았다. 또한 세네카는 무엇보다도 분노를 광기와 같이 통제력을 상실한 상태로 묘사했다.

"분노는 일시적 광기와 같다. 왜냐하면 사람을 더는 자신의 주인이 아니게 만들기 때문이다."

스토아학파는 분노와 같은 충동적인 감정뿐 아니라 내면의 불안과 짜증과 같은 상태를 극복하기 위해 세 가지 대응 전략을 제안했다.

1. 유예
2. 반성
3. 바꾸기

물론 분노와 짜증의 원인을 미리 피할 수만 있다면 그것보다 바람직한 일은 없을 것이다. 하지만 일상의 경험 속에서 그것을 극복할 수 있는 경우는 상당히 제한적이다. 그러므로 부정적 감정이 차오르는 것이 느껴진다면 세 가지 질문을 해보자.

첫째, 감정 방아쇠가 내 통제 범위 안에 있는가? 이 첫 번째 질문과 함께 분석과 느린 성찰의 단계가 시작되는데, 이는 우리에게 관점의 변화를 제공한다. 우리는 자신의 욕망을 인식하고 우리가 원하는 방식으로 실현하는 것이 불가능한 외부 환경이 존재한다는 사실을 깨달아야 한다. 그리하여 외부의 감정 방아쇠와 내부 세계의 원인을 분리해 떨어뜨림으로써 분노나 실망 혹은 화의 감정에 즉각적으로 반응하는 감정적 충동을 조절할 수 있는 것이다. 이를 통해서 자제력이 커지고 충동을 미룰 수 있는 능력이 점점 향상될 수 있다.

둘째, 1년이 지나도 그 일이 여전히 나에게 중요한가? 이렇게 자문해보면 충동적 폭발과 같은 행동이 불러일으킬 수 있는 이후의 결과에 대해 의문을 제기할 수 있다. 이는 우리가 통제할 수 없는 분노의 폭발에 지불해야 할 구체적인 대가에 관한 것이다. 이런 질문에 대해서 마르쿠스 아우렐리우스는 매우 기본적인 조언을 했다.

"엄청나게 분노가 치미는 순간에, 인간의 삶은 덧없다는 것을 기억하라."

인간의 삶만 유한한 게 아니라 부정적 감정도 그렇다. 우리의 삶도 한순간에 지나지 않는데 우리의 분노나 분노의 순간은 오죽하겠는가. 단 한 가지 확실한 게 있다면 그것은 모든 감정이란 일시적이라는 깨달음이다. 1년 후에는 이 상황을 어떻게 느낄지를 상상함으로써 우리는 부정적 감정의 초점을 다른 데로 옮기고 상황을 새롭게 해석할 수 있다. 만약 여전히 직접적인 대결을 선택하고자 한다면 적어도 그것은 의식적인 결정이어야 하며, 유예와 반성을 통해서 감정적 충동을 사실적인 상황 판단으로 바꿀 기회를 가져야 한다.

셋째, 어떻게 이 상황을 나에게 도움이 되는 것으로 바꿀 수 있는가? 스토아학파는 인격적 발전을 삶의 필수적인 과업으로 본다. 그러므로 성찰의 마지막 단계에서는 바로 이 순간 당신이 배우고 싶은 것과 경험하고 싶은 것에 집중해보라. 에픽테토스는 권유했다.

"먼저 자신이 어떤 사람이 되고 싶은지 스스로에게 물어보고, 그 사람이 되는 데 필요한 일을 하라."

인격을 긍정적으로 바꾸고 이를 통해 긍정적인 영향을 미치는 것은 내면의 힘과 평온을 얻기 위해 반드시 갖추어야 할 스토아적 힘의 원천이 된다. 에픽테토스는 말했다.

"마침내 성숙한 어른으로 살기로 결심하라."

긍정적인 감정 느끼기

긍정적인 감정은 우리가 부정적인 감정을 조절하고 더 많은 내면의 평화와 평온을 얻도록 도와준다. 그러니 지난 일 혹은 다가올 일에 대한 아름다운 장면을 머릿속에 그리며 감사와 기쁨, 사랑과 열정 혹은 고마움 같은 긍정적인 감정을 느껴보라.

그리고 지금 여기에서 긍정적인 경험을 맞이하도록 하라. 친구들과 만나거나, 맛있는 음식을 만들거나, 자신을 행복하게 하는 일을 하라. 분노나 두려움을 불러오는 삶의 어려운 상황 속에서 이를 통해 균형감을 찾을 수 있다. 그러면 스트레스 속에서도 의식적으로 긍정적인 감정을 떠올릴 수 있다.

자기 발전을 위한 질문들

격렬하게 화가 나거나 분노가 치밀어 오를 때마다, 앉아서 10분에서 15분 동안 다음의 질문을 하나씩 쓰고 그것에 답하는 시간을 가져보라. 이 상황에서 나는 무엇을 배울 수 있는가? 분노에 직면하지 않으려면 무엇에 집중해야 하는가? 개인적 발전을 위해서 이 상황을 어떻게 활용할 것인가? 나는 어떤 행동을 하는 사람이 되고 싶은가? 이 상황에서 나는 어떻게 자제력을 발휘하는가?

오늘의 스토아인을 위한 1분 철학

내면의 평온함을 위해

- 생물학적 요구 사항: 디폴트 모드 네트워크를 통해 우리의 뇌는 내면의 평화와 평온한 태도를 위한 생물학적 기초를 마련한다. 이 네트워크가 활성화될 때 우리는 자신과 세상이 조화를 이루고 있다고 느낀다.
- 정신적 전제 조건: 마음의 평화와 평정을 위해 중요한 것은, 우리는 오로지 생각과 감정에만 영향을 미칠 수 있으며 나머지 대부분은 우리의 통제 밖에 있다는 깨달음과 통찰이다.
- 방지: 스트레스, 분노, 두려움은 특히 마음의 평화에 균열을 일으키는데 스토아 철학자들이 이 같은 상황을 피하고 건강한 생활 방식을 통해서 이를 예방해야 한다고 조언하는 이유다.
- 자제: 부정적 감정을 충동적으로 다루어선 안 된다. 멈추어서 곰곰이 대안을 생각해보면, 우리는 자신의 감정을 통제하고, 직접 통제할 수 없는 것들에 대해서는 좀 더 느긋하게 받아들일 수 있다.
- 개인적 발전: 부정적 감정을 조절하는 것은 우리가 변화할 수 있다는 사실을 보여준다. 그러므로 내면의 평화로 가는 길은 자기 인식과 인격을 향상하는 길이기도 하다.

3장

순간의 마법

어떻게 일상의 순간들에 집중할까?

"다가올 모든 것은 알 수 없다. 그러니 지금 이
순간을 살아야 한다!"

— 세네카

지금 이 순간의 삶

"관점이든, 행동이든, 표현이든 항상 현재에 모든 관심을 기울여야 한다." ― 마르쿠스 아우렐리우스

지금 여기에 존재하고자 하는 욕망만큼 오늘날 인간의 갈망을 부채질하는 것은 거의 없을 것이다. 수많은 책과 영적 삶을 위한 안내서들이 지금 이 순간을 다루고 있다. 유명 진행자 오프라 윈프리와 배우 맥 라이언이나 엘런 드제너러스와 같은 유명인들도 자타공인하는 지금 이 순간의 팬이다. 성 아우구스티누스(출생일 미상~605년, 기독교 사상 초대 캔터베리 대주교―옮긴이)도 6세기에 이를 강조했고, 아시시의 성 프란치스코(이탈리아의 기독교 수도자로 프란치스코 수도회를 창설한 인물―옮긴이)는 12세기에 이를 노래했으며, 이슬람 시인 루미는 13세기에 춤을 통해서 이를 표현했고, 14세기에 들어서는 철학자 마이스터 에크하르트가 이를 신비적 경험의 핵심으로 설명했다. 그런데 일찍이 스토아학파들도 순간의 마법을 이야기한 바가 있다.

"지금 이 순간은 모든 사람에게 공평하게 주어진다"라고 마르쿠스 아우렐리우스는 《명상록》에 기술했다. 우리의 느낌

과 생각, 감정과 최근의 감각 등 모든 것이 순간 속에 섞여서 흐른다. 스토아 철학자들에게는 현재의 의식적인 경험이 삶에서 가장 중요한 힘의 원천 중 하나다. 그 속에서 우리는 이 세상의 양면성과 모순을 마주하게 된다. 매 순간 우리는 영구적으로 변하면서도 끊임없이 정지해 있는 현재가 동시에 일어나는 것을 경험한다. 이 모든 이질적인 것들의 상호작용이 우리의 의식 속에서 순간, 또는 일상적인 용어로 지금 여기라고 부르는 것을 창조해낸다.

경험하고 기억하는 자아

심리학자들은 우리에게 지각되는 순간이 약 3초 동안 지속한다고 본다. 우리는 길게 이어진 시간을 다른 순간들의 연속으로 경험한다. 하루는 24시간이며 1,440분이다. 이를 초로 환산하면 하루에 86,400초를 경험한다는 얘기다. 만약 3초를 한순간이라고 부른다면 우리는 하루에 28,800개의 순간을 경험하게 된다. 수면시간을 제외하고 우리가 의식적으로 경험할 수 있는 순간은 평균적으로 2만여 개 정도 된다. 그러니 우리가 인생의 대부분 순간을 잊어버리는 것은 당연하다. 그렇지 않다면 우리 두뇌의 작업과 메모리 용량이 짧은 시간에 너무나 차고 넘쳐서 더는 새로운 순간을 위한 공간을 마련할 수가 없을 것이다.

이 때문에 우리의 의식은 여러 느낌을 걸러내고 관심이라는 좁은 원 안에 들어온 것이 무엇인지를 결정해야 하는 과제에 직면한다. 우리의 두뇌는 많은 것들을 자동으로 분류하며 대다수 우리는 그 과정을 알아차리지 못한다. 이 무의식적인 필터가 없다면 공간에서의 방향을 알아차리거나 명확하게 생각하고 행동하는 것이 어려워진다. 그러므로 걸러내기 기술은 생존을 위해 필수적이다. 그런데 우리가 경험했던 순간들을 의식적으로 정리하고 저장하는 것도 그만큼 중요하다. 심리학자이자 노벨상 수상자인 대니얼 카너먼은 그의 책《생각에 관한 생각》에서 두 가지의 다른 자아, 즉 경험하는 자아와 기억하는 자아에 대해 이야기한다.

- 경험하는 자아는 지금 이 순간을 경험하는 우리 의식의 한 부분이다. 예를 들어, 당신이 지금 책을 읽고 있다가 고개를 들어 다른 곳을 본다면 분명 당신에게 익숙한 주위 환경을 바라볼 수 있을 것이다. 거실과 침대, 테이블과 같은 익숙한 모든 환경은 전부 당신의 감각적 인식 중 일부에 속한다. 하지만 이 순간에 당신은 단지 듣고, 보고, 냄새 맡고, 맛보고 하는 것만 경험하는 것이 아니다. 자신이 무엇을 하고 있는지, 또 무엇을 생각하고 느끼고 있는지도 같이 경험한다. 경험하는 자아는 배고픔이나 고통, 신체적 긴장과 같은 경험뿐 아니라 지금 이 순간 느끼는 감정적 기분도 같이 감지하는 것이다. 모든 인상, 경험, 현상의 총합은 우리 안에서 독특한 순

간으로 응축된다.

- 기억하는 자아는 카너먼이 말하는 우리 의식의 한 부분으로 우리의 경험을 기억으로 전환해 저장한 것이다. 우리의 기억은 경험하는 자아가 잊어버리지 않은 독특한 순간들을 수집하고, 평가하고, 분류한다. 만약 당신이 지난 48시간 동안 어떤 사람과의 특별한 좋은 만남을 행복하게 경험했다면, 당신의 기억은 지금도 여전히 그것을 붙들고 있을 것이다.

두 자아의 차이를 알아차리기 위해서는 스스로에게 간단한 질문 하나를 던지면 된다. 나는 얼마나 행복하고 만족스러운가?

이 질문을 경험하는 자아에게 한다면 무엇보다도 지금의 심리 상태에 대한 그림을 답으로 받게 될 것이다. 이 순간 당신은 자신이 얼마나 호기심으로 충만한지, 지쳐 있는지, 아니면 영감이 넘치는지 알 수 있을 것이다. 자신의 생각에 집중하고 스토아의 지혜에 대해 더 많이 알고 싶어 할 수 있다. 아니면 책을 읽는 동안에는 자세가 좀 더 편하게 풀어진다는 사실을 알아채기도 할 것이다. 우리의 경험하는 자아는 매초 업데이트되는 자연스러운 감정의 척도와 같다. 이 책을 쓰고 있는 저자로서 나 또한 당신이 이 책을 읽으면서 조금 더 편안함을 느끼고 지금 이 순간 보다 긍정적인 상태를 누릴 수 있기를 바란다.

반면 기억하는 자아에게 질문을 던진다면 그것에 대한 답은 좀 더 일반적인 그림일 것이다. 기억하는 자아가 무게를 더 많이 두는 것은 지금 이 순간의 마음보다는 일반적인 삶의 만족도다. 이는 우리가 이 순간에 얼마나 자신의 삶에 만족하고 있는지를 보여준다.

지금보다 행복한 기억

불행하게도 행복 연구가 보여주듯이, 우리의 두 자아는 행복에 관해서는 종종 어긋나기 마련이다. 연구를 통해 방학 동안 학생들이 얼마나 만족과 행복을 느끼는지를 정기적으로 확인했다. 이들의 기분은 휴대전화로 수시로 모니터링이 되었다. 방학이 끝난 후에는 인터뷰를 통해 만족도에 대해 평가했다. 그런데 만족도에 대한 평가에서 경험과 기억 사이에는 상당한 차이가 있었다. 평균적으로, 기억하는 자아가 경험하는 자아보다 더 큰 만족과 행복을 느끼고 있었다.

이 차이는 우리가 과거의 경험을 돌아볼 때 채색을 하기 쉽다는 데서 온다. 장밋빛을 띤 안경을 통해 우리가 기억을 바라보는 것은 드문 일이 아닌데 이는 많은 일이 경험할 때보다는 그 후에 더 멋지게 느껴진다는 것을 의미한다. 이런 식으로 불쾌하거나 그저 그랬던 일들도 우리의 기억에서는 긍정적인 것으로 포장되기 쉽다. 이것의 가장 좋은 예는 디지털 세상에 띄워진 우리의 프로필이다. 아무리 평범하고 흔한 시간, 심지어 나쁜 날들을 보냈다 하더라도 우리의 프로필 속에는 긍정적인 순간들이 기록되고 필요하다면 전시된다. 그 결과는 타인의 눈에 보일 뿐 아니라 우리에게도 외부에서 유입된 일종의 윤색된 기억으로 작용한다.

물론 반대의 경우도 있다. 우리는 누구나 온갖 음산한 사건을 기억하고 예언하는 악명 높은 예언자를 한두 사람 정도는 알고 있을 것이다. 하지만 이 같은 눈속임이나 세뇌 경향이 우리가 기억하는 자아를 불신해야 하는 유일한 이유는 아니다.

고통에 대한 기억의 결함

노벨상 수상자 대니얼 카너먼은 '최고점 규칙'이라는 이론으로 잘 알려져 있다. 이에 따르면 우리는 가장 높거나 낮은 강렬한 경험 혹은 경험의 끝만 기억한다. 우리가 휴가나 과거의 한정된 시간에 대해서 생각해볼 때, 우리의 머릿속에 주로 떠오르는 것은 가장 강렬한 순간과 끝이다. 비행기에서 보낸 몇 시간보다는 아름다운 풍경이 우리 마음속에 더 많이 남는 까닭이다.

한 연구에서 지원자들은 4분에서 70분 사이의 다양한 대장 내시경 검사를 받았다. 치료 도중과 치료 후에, 참가자들은 검사 과정이 얼마나 고통스럽게 느껴졌는지를 진술했다. 결과는 믿을 수 없을 정도였다. 실제로는 거의 통증이 없는 것처럼 느껴졌지만 매우 심한 통증으로 끝난 5분간의 검사는 비교적 통증이 지속한 45분간의 검사 과정보다 훨씬 더 나쁜 기억으로 평가되었다. 카너먼에 따르면, 이것은 최고점 규칙을 입증해 줄 뿐 아니라 행복을 평가하는 우리의 기억 자체를 전혀 신뢰할 수 없다는 추가 증거이기도 하다.

기억하는 자아는 또한 사회적 삶의 조건으로부터 자양분을 얻는다. 우리는 순간을 경험하는 것보다 추억의 가치를 더욱 가치 있게 여기는 문화 속에 살고 있다. 물론 특별한 휴일의 순간을 친구들이나 동료들과 공유하는 것은 잘못된 것이 아니다. 하지만 특별하고 자극적인 순간만을 좇는다면 우리의 만족은 비생산적인 것이 될 수밖에 없다. 현재의 순간은 거의 그대로 경험되지 못하고 오로지 나중에 공유되고 '좋아요'를 받는 수단으로 포착될 뿐이다.

이런 행동을 지지하고 부채질하는 것은 너무도 인간적인 특성이기도 하다. 집중적인 조명과 최고의 찬사를 받는 것은 더 흥미롭고 더 많은 관심을 끌며, 종종 의식적으로 순간을 즐기는 것보다 더 쉽게 다가온다. 물론 맥주보다는 샴페인이 달콤하고, 등산의 만족감보다는 번지점프의 스릴이 더 강하다. 우리의 삶에서 빛나는 무대를 좇는 것은 단기적으로 더 흥미롭다. 그리하여 일상적 행복을 경험하는 것보다 짧고 강렬한 쾌락을 더 가치 있게 여기게 된다.

하지만 이 시점에서 우리는 이렇게 질문할 수 있다. 우리가 원하는 것은 순간을 경험하는 것인가, 아니면 추억을 수집하는 것인가? 물론 당신의 디지털 채널에 빛나고 아름다운 순간을 기록하여 강렬한 순간을 선사하고 싶은 마음은 꽤 유혹적이다. 이것이 심지어 하나의 정체성을 만들어낸다는 것도 의심할 여지가 없다. 하지만 그 속에서 우리는 오직 기억의 행복만을 맛보며 다음번에 선택된 기억을 끊임없이 좇으며 살게 된다. 집중적인 조명에만 의존하는 삶이란 그 자체로 건강하지 못한 삶의 전제 조건이 된다.

오직 기억하는 자아의 왜곡된 인식과 부담을 떨쳐버릴 수 있을 때 비로소 내면의 자유와 평온함을 얻을 수 있다. 이는 또한 순간 속에서 행동하고 지금 여기의 순간을 즐길 수 있는 능력을 포함한다. 실제의 삶은 페이스북 타임라인이 아니라 지금 일어나고 있는 일이다.

우리가 현재에 집중하는 순간, 기억하는 자아의 치명적인 동력이 그 기운을 상실하고 경험하는 자아가 일상을 끌고 가는 힘을 되찾을 수 있다. 그리하여 차분하고 일상적인 즐거움을 누릴 수 있으며 순간 그 자체가 중요하다는 사실을 깨닫게 된다. 이는 우리가 존재하는 순간에 대한 만족이며 다른 어떤 것도 이와 비교할 수 없다. 감자튀김을 먹든, 굴 요리를 먹든, 숲길을 걷든, 히말라야산맥을 오르든, 혼자 영화를 보든, 친구들을 만나든 상관 없다.

디지털 미디어에 대한 스토아적 접근

그렇다고 이 모든 것이 우리가 디지털 세상에서 활동하지 말아야 한다는 걸 의미하지는 않는다. 오히려 그 반대다. 오늘날의 스토아인들은 생각을 교환하고 이상을 퍼트리기 위해서 디지털이라는 매체를 사용할 수 있다. 이들에게 디지털 세계에서의 자기표현이란 인격 수양과 지속적인 수행을 위한 수단일 수 있다. 스토아 철학에서 사회적, 정치적 참여를 옹호하는 것처럼 디지털을 활용한 대중에의 접근은 바람직하다고 볼 수 있다. 스토아의 관점에서 보자면 우리는 디지털 자기표현을 사용하여 자신의 감정과 생각, 필요와 욕망을 더 잘 구별하는 동시에, 충동을 조절하고 격론이나 분노, 짜증과 같은 감정에 빠지지 않도록 자신을 통제하는 법을 배울 수 있다. 다시 말해 더 나은 사람이 되는 일에 디지털 공간을 활용할 수 있다.

오늘의 스토아인을 위한 1분 철학

모든 순간이 빛나는 순간이 될 수 있다

기억의 함정에 빠지지 않기 위한 하나의 전략은 심리적 충동에 직면하고 아름다운 결말과 강렬한 절정을 만들어내는 우리의 의식에 주의를 기울이는 것이다. 그러면 그 순간을 기억할 뿐 아니라 더 강렬하게 경험할 수 있다.

이보다 더 힘이 센 방법은 현재의 순간을 경험하는 데 보다 근본적으로 집중하는 것이다. 그리하여 매 순간이 경험하는 나의 정점이 되도록 하는 것이다. 이런 식으로 우리는 특별한 하이라이트와 영광의 순간을 찾아 헤매는 굴레로부터 자유로워질 수 있다.

의식의 세계에서 터지는 샴페인

> "모든 습관과 능력은 그것에 맞는 행동 때문에
> 강화되고 길러진다. 걷기를 통해 걷기 능력이,
> 달리기를 통해 달리기 능력이 향상되는 것과 같다.
> 그러니 무엇인가를 원한다면 그것을 습관으로
> 만들어라." — 에픽테토스

이 책을 준비하면서 나는 나 자신을 위한 두 가지 일과를 찾게 되었다. 일단 매주 개인적으로 흥미롭고 넓은 의미에서 이 주제들과 관련된 책들을 읽었다. 그리고 6개월 동안 매일 아침 두 시간 동안 개를 데리고 숲속에서 산책을 했다. 걷는 동안 나는 똑같은 명상을 반복했다. 숲이라는 광대한 공간에 완전하게 집중하고 그 속에서 일어나는 모든 일에 주의를 기울였다.

항상 같은 길을 걸었다. 얼마 되지 않아 나는 숲을 샅샅이, 나무 하나하나까지 다 알게 되었고 제일 좋아하는 공터에 도착하면 곧장 동그라미를 그리고 몇 분 동안 풀밭 위에 누워 있곤 했다. 이 산책 시간 동안에 책에 대한 무수한 생각과 아이디어가 떠올랐다. 걷기는 나에게 믿을 수 없을 정도로 훌륭한 창조의 원천이었다. 그런데 숲에서 보내는 아침 일과는 그것 말고도 두 가지를 더 가져다주었다. 하루를 마음속으로 준비하도록 해주었고 더욱 의식을 집중해서 살도록 도와주었다. 나는 이 책을 쓰고 나서도 이 일과를 계속해야겠다고 마음먹었다.

매일의 일상이 지금 이 순간으로 가는 길

오늘날까지 스토아 철학은 일상생활과 의식적인 습관으로 유명하다. 명확하게 구조화된 일상과 일관된 마음가짐의 실천으로 사람들을 감화시킨다. 예를 들어, 에픽테토스는 제자들에게 반성으로 하루를 시작하고 마감하라고 권유했다. 아침 일과를 통해 우리는 다가올 일에 대비하고 부정적인 감정을 피할 방법을 자문해야 한다. 또한 매일 아침 맞이하는 사건과 어려움, 타인에 대한 반응이 우리 손안에 있다는 사실을 상기해야 한다.

세네카는 매일 아침 삶의 덧없음을 자신에게 상기시키곤 했다.

"현자는 하루하루를 이런 묵상으로 시작할 것이다. 운명은 우리에게 진정한 재산만을 남긴다. 개인의 것이든 국가의 것이든 어느 것도 영원한 것은 없다."

반면 마르쿠스 아우렐리우스는 매일 아침 우리가 살아 있다는 사실을 떠올리라고 제안했다. 감사함과 겸허함으로 '숨쉬고 생각하고 즐기고 사랑하는 것'이 얼마나 큰 특권인지를 기억해야 한다. 삶의 무상함을 깨닫고 삶에 감사하라는 제안을 따르는 것은 우리의 현재 순간을 보다 강렬하게 경험하도록 해준다. 이런 관점은 또한 우리가 때로 맞이하는 운수 나쁜 날조차 편안하게 받아들일 수 있도록 위안을 준다.

한편 저녁의 일과에서 스토아인들은 하루를 돌아보고 앞으로 개선해야 할 부분에 대해서 생각하는 시간을 가졌다. 자신이 어떤 진전을 이루었는지, 어떤 분야에서 아직도 배울 점이 있는지를 성찰하는 것이다.

이는 자신의 발전 가능성을 눈여겨보면서 어떤 부분에서 발전을 이루었는지를 확인하는 시간이다. 덧붙이자면 세네카에게 저녁의 규칙적인 일과는 좋은 수면의 질을 유지하기 위한 완벽한 방법이기도 했다.

순간에 집중한다는 것

매일의 성찰은 종일 자신을 알아차리도록 돕고 지금 여기에 있는 우리의 행동을 인도하기 위한 스토아적인 마음 챙김의 수행법이다. 우리가 자신을 증명하고 진실한 자신의 모습을 드러낼 방법은 오로지 실천밖에 없다. 스토아인들의 적극적인 실천은 지금 이 순간에 대한 직접적인 접근 방식이기도 하다. 자신이 하는 일에 집중하다 보면 시간 가는 줄 모르고 별다른 계획이나 분석 없이 행동에 임한다. 그럴 때 우리 몸은 행복과 만족감을 더해주는 호르몬을 분비한다.

몰입의 기쁨

춤이나 요트 타기, 체스 게임이나 암벽 등반, 노래하기, 그림 그리기, 조깅하기, 마라톤 달리기. 이외에도 치열하고 극단적인 스포츠 경기 등 순간에 완전히 몰입할 수 있는 활동들은 아주 다양하다. 또 어떤 이들은 정원 가꾸기나 컴퓨터 게임, 수공예나 퍼즐 풀기, 뜨개질, 하이킹, 요가 등을 할 때 생각과 행동이 완전히 몰입되는 일체감의 상태를 경험하기도 한다.

당신은 아마 지금쯤 짐작이 갈 것이다. 이것이 심리학자들이 말하는 몰입flow의 의미다. 로커들은 콘서트를 하는 동안, 배우들은 무대 위에 선 순간, 마사지사들은 치료 중에 이와 같은 경험을 자주 한다. 매일 반복되는 일과와 업무 중에도 이를 경험하는 사람들은 상당히 많다. 덧붙이자면 대다수 작가는 아무리 글을 써도 한발도 나아가지 못하는 때도 있지만 간혹 글을 쓰면서 이런 몰입의 경지를 경험하기도 한다.

많은 사람들이 몰입의 경험을 자신이 하는 일과 합치되어 시공간을 잊게 되는 감각이라고 생각한다. 생각과 행동이 조화를 이루는 경험이기도 하다. 통제하지 않고 자신을 잃는 동시성이 몰입의 본질적인 특징으로 자주 언급된다. 그리고 이 행복의 경험에서 중요한 점은 그 순간에 특히 강렬한 경험을 한다는 것이다.

보상은 우리 안에 있다

몰입의 또 다른 특징은 물질적 보상이나 재정적 성과보수와 관련 없는 활동에서 가장 잘 생길 수 있다는 점이다. 행동 자체를 위한 행동이기 때문이다. 특히 이는 경쟁적이고 극단적인 스포츠에서 두드러진다. 사실 우리가 매일 43킬로미터를 달리거나 2시간 연속으로 수영해야 할 이유는 딱히 없다. 이는 단순한 몰입을 경험하고 자신의 한계를 넘어서 성장하며 이에 수반되는 행복의 느낌을 경험하기 위한 것이다.

항상 적극적으로 존재하라

몰입은 오로지 의식이라는 딱딱한 갈색 빵만 놓인 식탁에 함께 나오는 샴페인 같은 것이다. 샴페인을 터트리기 위해서는 오랜 자기 수양과 집중력, 끈기가 필요하기 때문이다. 바로 이런 실천과 현재에 대한 의식, 자기 규율과 행복의 결합이 우리를 계속해서 깨어 있게 하는 요소다. 생각과 실천의 결합이 우리의 감각을 날카롭게 하고 우리의 마음을 자극하기 때문이다. 몰입의 경험은 가장 중요한 스토아적 가치의 대표적인 예로서 능동적인 삶의 실천과 미덕, 그리고 순간을 알아채는 의식이 모두 결합될 때 이루어진다. 또한 몰입은 궁극적으로 우리가 자아와 삶 사이에서 조화를 이루고 있다는 것을 의미한다.

스토아적 의미에서 현재의 순간을 알아챔으로써 좋은 것

중 하나는 미래의 순간이 펼쳐지는 것을 볼 수 있다는 점이다. 우리가 능동적이고 의식적으로 존재할 때, 우리는 근본적으로 새로운 경험을 향해 자신을 열어놓게 된다. 지금 이 순간 존재하는 우리의 경험적 자아는 동시에 미래지향적이다. 몰입을 경험한 많은 사람들은 이를 매우 창의적이고 자발적이며 새로운 자극을 주는 것으로 받아들였다.

나만의 멋진 몰입

좋은 삶은 단지 한두 가지 몰입으로만 이루어지는 것이 아니다. 우리는 그 자체를 위해 좋은 삶과 미덕을 추구한다. 이것이 몰입의 경험으로 이어질 수밖에 없는 이유 중 하나다. 스토아인들은 최고의 흥미진진한 사건을 염두에 두고 살지 않는다. 이들이 주로 관심을 두는 것은 지금 이 순간에 자신을 잊고 오롯이 스며드는 일상 속의 탄탄한 몰입의 경험이다. 궁극적으로 스토아학파는 올바른 생각과 선한 행동을 조화시키는 것 외에는 다른 목표를 추구하지 않는다. 이는 몰입의 경험을 일상적인 것으로 만드는 데 일조한다. 우리는 언제나 생각하고 행동하기 때문이다. 그런데 우리가 매 순간 몰입을 경험한다면, 시간을 필요로 하는 강렬한 집중에 대한 욕구도 자연히 해결된다. 몰입은 경험하는 자아의 영역이자 고향이다. 여기서 기억하는 자아는 자주 보조 악기로서 연주하게 된다.

오늘의 스토아인을 위한 1분 철학

성찰로 하루를 시작하고 마치기

- 에픽테토스와 세네카의 아침 일과: 매일 아침 다음 세 가지 질문에 답해보라. 첫째, 부정적인 감정으로부터 자유로워지기 위해서 무엇이 필요한가? 둘째, 나에게 좋은 것은 무엇이며 무엇이 나에게 내면의 평화를 가져다주는가? 셋째, 나는 누구인가? 마지막 질문에서 우리는 두 가지 중요한 스토아적 통찰을 떠올린다. 하나는 우리가 생각과 감정을 통제할 수 있는 이성적인 존재라는 것이고, 또 하나는 우리가 조만간 다른 모든 존재처럼 사라질 일시적인 존재라는 것이다.
- 세네카와 마르쿠스 아우렐리우스의 저녁 일과: 매일 저녁 다음 세 가지 질문에 답해보라. 첫째, 오늘 내가 잘한 것은 무엇이고 더 발전해야 할 부분은 무엇인가? 이를 위해 오늘의 행동을 5년 전과 비교해보자. 둘째, 오늘 나에게서 보인 나쁜 습관이나 약점은 무엇인가? 셋째, 오늘보다 내일 더 나아졌으면 하는 부분은 무엇인가?

실천이 중요하다

> "어째서 그대는 외부에서 일어나는 일들에 휘둘리고 있는가? 시간을 들여서 유익한 것들을 배우고, 목적 없이 돌아다니는 일은 멈춰라."
>
> — 마르쿠스 아우렐리우스

스토아학파의 경우, 좋은 삶이란 아침저녁으로 사색하며 마음 챙김을 하는 것에만 국한되지 않는다. 이들에게 더 중요한 것은 실천이다. 고대의 위대한 스토아 철학자들 중에는 정치인과 교사, 부유한 상인, 뛰어난 운동선수, 황제까지도 포함되었는데 이들 모두 땅에 두 발을 내디디고 항상 자신을 돌아보며 노력하는 사람들이었다. 그리하여 단도직입적으로 말하자면 좋은 삶이란 생각보다 실천에서 나온다.

그러므로 생각과 행동이 조화를 이루게 하고, 의심스러울 때는 자기 생각이나 관념보다 행동에 초점을 두기 바란다. 종종 가는 길을 막아서는 것이 우리 자신일 때가 있다. 세네카는 말했다.

"모든 노력이 목표를 향하도록 하고 그 목표를 명심하라. 우리를 괴롭히는 것은 행동이 아니라 사람을 미치게 하는 잘못된 인식이다."

행동에 집중하며 머리를 맑게

자신의 행동에 완전히 집중하려면 하루 중 얼마간의 시간을 규칙적으로 비워둬야 한다. 이런 집중의 시간은 부담스러운 생각과 걱정의 고리에서 우리를 해방할 뿐 아니라 지나치게 생각 속에 빠지지 않게 한다. 생각이 다른 생각으로 이어지지 않고 행동으로 이어지는 규칙적인 일상은 좋은 삶을 위해 필수적이다. 행동이 불러오는 진정과 해방 효과는 스트레스를 주는 생각을 차단하는 순간 발생한다. 집중해서 하는 행동은 머리를 맑게 하고 몰입하는 순간의 마법을 경험하게 해준다.

일상의 행동이 행복의 시작

일상생활 속 작은 행동들도 몰입이 가능할 수 있다는 사실을 잊지 말기 바란다. 좋은 삶이란 그저 훌륭한 일을 하는 것만이 아니라, 이를 닦거나 집 안을 정리하고, 쓰레기를 치우고, 쇼핑하고, 요리하고, 영감을 주는 글이나 좋은 책을 읽고, 세탁물을 분류하고, 정원을 가꾸는 것 같은 소소한 행동들도 포함한다. 스토아의 창시자인 키티온의 제논은 작은 걸음과 목표의 중요한 상관관계를 명확하게 지적한 바 있다.

"삶의 평안함은 작은 걸음으로 이루어지지만 그것은 분명 작은 문제가 아니다."

오늘의 스토아인을 위한 1분 철학

순간이라는 것에 대하여

- 마법: 매 순간 우리의 인상과 생각, 감정, 마음 상태, 행동 등이 함께 녹아들어 전체를 이루며 고요함과 동시에 역동적이다. 이는 모든 순간을 특별한 경험으로 만든다.
- 실수: 우리는 보통 우리가 경험한 것에 대한 기억을 경험 자체보다 더 우선시한다. 하지만 불행히도 우리의 기억은 화려하게 미화되고 빛나는 한순간에 고정된다는 결함을 가지고 있다.
- 해법: 우리를 즉시 과거의 기억으로 소환하는 빛나는 한순간을 좇는 대신, 지금 일어나고 있는 일에 초점을 맞춘다.
- 방법: 현재에 좀 더 집중해서 살기 위해서는 실제로 하고 싶은 일, 해왔던 일에 대한 성찰이 도움이 된다. 궁극적으로, 행동은 현재에만 일어나기 때문에, 생각만 하는 것보다 행동하는 것이 더 중요하다.
- 이점: 시간이 지남에 따라, 생각과 행동은 자연스러운 흐름으로 서로 섞이게 된다. 이는 비범한 활동뿐 아니라 간단한 일상 업무에도 해당한다.

4장

변화의 기술

어떻게 습관과 태도를 바꿀까?

"우리가 대담한 시도를 하지 않는 것은 그것이 손에 닿지 않는 곳에 있어서가 아니다. 우리가 감히 시도하지 않는 한 그것은 도달 불가능한 상태로 남을 것이다."

— 세네카

하지 않는 전략

"나머지는 제쳐두고, 그 정도만 잡고 있어라."
— 마르쿠스 아우렐리우스

집을 정리하고, 소비 습관을 정화하며, 식단을 바꾸고, 노동 시간을 줄이고, 불필요한 관계를 정리하고, 옷과 책장을 정리하고, 디지털 해독을 한다. 미니멀리즘이 유행이다. 삶의 영역 곳곳에서 '적은 것이 더 많은 것이다'라는 원칙이 적용되고 있다.

하지만 체중 감소를 위해 노력해본 사람이라면 누구나 '내려놓기'가 쉬운 일이 아니라는 것을 알고 있다. 그중에서 가장 효과적인 방법은 음식을 아예 먹지 않거나 특정한 식품 섭취를 확실히 피하는 것이다. 한번 해보라. 10일 동안 설탕이나 탄수화물, 다량의 지방 등이 함유된 음식을 확실하게 끊어보라. 하지만 그게 마음처럼 쉬운 일이 아니다. 빵이나 파스타, 쌀밥과 초콜릿, 튀김처럼 평소에 우리가 좋아하는 음식에서 손을 완전히 떼야만 하기 때문이다. 우리가 섭취하는 모든 음식은 어느 정도는 습관으로 굳어 있다. 다이어트에서는 무엇을 먹는지도 중요하지만 무엇을 먹지 않는지도 매우 중요하다. 프로세스 최적화와 관련하여 기업에서도 유사한 전략이 추구된다. 결함과 오류를 제거하여 공정을 개선하는 것이 종종 최선의 효과를 가져온다.

문제를 피하는 것이 해결하는 것보다 나을 때

바람직하지 않은 영향 또는 파괴적 요인을 제거하거나 회피하는 것은 다른 분야에서도 흔히 사용되는 유용한 전략이다. 예를 들어, 투자자들은 '상승'과 '하락' 요소를 구별한다. 전자는 유익한 수익을 비롯한 투자의 긍정적인 결과를 포함하며, 후자는 파산을 포함하여 온갖 부정적인 결과와 손실을 포함한다. 그런데 어떤 문제가 있든 똑똑한 사람들은 이 규칙을 따른다. 즉 부정적인 면을 집중적으로 피함으로써 긍정적인 결과가 자연스럽게 나타나도록 하는 것이다.

학생들도 시험을 볼 때는 몹시 어려운 문제는 건너뛰는 것이 좋다는 조언을 종종 듣는다. 수학 시험에서 최대한 좋은 점수를 얻기 위해서는 쉽게 풀 수 있는 문제를 찾아내고 너무 많은 시간을 뺏기지 않기 위해 고난도의 문제는 건너뛰는 감각을 길러야 한다. 여기에도 워런 버핏과 같은 성공한 투자자들의 모토가 궁극적으로 적용된다.

"사업을 할 때 나는 어려운 문제를 해결하는 법을 배우지 못했다. 다만 그것들을 피하는 방법을 배웠다."

구체적으로 말하면 이런 전략은 애초에 어려운 문제가 발생하지 않도록 함으로써 최대한의 목표를 달성하는 것을 의미한다.

무엇인가를 하지 않는 것

윤리학과 도덕을 다루는 철학의 영역에서는 두 가지 유형의 서로 다른 도덕적 행동을 구별하는데 하나는 실천이고 다른 하나는 무위, 즉 행동하지 않는 것이다. 훌륭한 대의를 위해 돈을 기부하거나 (자전거를 주로 타고 대중교통을 이용함으로써) 자신의 생태 발자국을 줄이는 것과 같은 방식은 둘 다 윤리적인 태도에 해당한다. 일례로 코로나 위기 속에서 자동차의 도로 운행이나 비행기 운항의 감소로 전체적인 공기의 질이 크게 향상되는 것을 볼 수 있었다. 이런 사실을 보면 해로운 영향을 줄이는 것이 재생 가능하고 깨끗한 에너지로 전환하는 것보다 환경에 더 효과적이고 실현 가능성이 훨씬 더 큰 것 같다. 그런데 무엇인가를 하지 않는 것이 기업가적 성공과 도덕적 행동을 위한 근사한 전략이라면, 이는 또한 삶의 평온과 행복에 중요할 수 있다는 생각도 해볼 만하다.

불행도 학습이 된다

심리학자 파울 바츨라비크는 그의 저서 《불행으로의 안내Anleitung zum Unglucklichsein》에서 행복이 무엇을 의미하는지 정의하는 것조차 실은 얼마나 어려운지에 주목한다. 하지만 그게 다가 아니다. 바츨라비크는 행복이라는 가치를 향한 삶의 목표가 "천 살 먹은 아내들의 이야기"와 같다고 말한다(오래된 목표이지만 실현 불가능하다는 의미를 담고 있다—옮긴이). 이어서 바츨라비크는 풍부한 유머와 세심한 시각으로 우리가 어떻게 자체적으로 불행을 만들어내는지를 명석하게 보여준다. 스토아학파의 정신을 이어받아 바츨라비크는 우리가 느끼는 개인적인 불행에는 크게 두 가지 원인이 있다고 진단한다.

1. 일방적이고 어긋난 행복 추구
2. 최선의 지식과 믿음으로 스스로 불행을 창조해내는 우리의 기막힌 능력

자신의 욕구를 끊임없이 부정하고 무시하는 것이든, 완고한 비관주의든, 스스로 완성하고야 마는 부정적인 예언을 떠올리고 과거를 미화하는 것이든 이 세상에는 자신을 불행에 빠뜨리는 방법이 수없이 많다.

《불행으로의 안내》는 우리가 어떤 실수를 피해야 할지를 알려주는 불행 예방 안내서다. 이 책은 행복을 찾는 방법이 아니라 불행을 피하는 법을 알려준다. 거기에는 결코 새로운 것은 아니지만 좋은 삶을 위한 부정의 기술이라고 부를 수 있는 깊은 지혜가 깃들어 있다.

심지어 스토아학파도 행복에 대한 부정적 접근의 열렬한 지지자였다. 좋은 삶이란 나쁜 것들을 피하는 삶이다. 다시 말해 불행의 원인을 피함으로써 행복을 찾을 수 있다. 짜증이나 만성 스트레스, 질투와 반복되는 자기 비난, 우울한 기분이나 수면 부족, 부정적인 뉴스나 과도한 음주, 심각한 편견과 타인과의 비교, 너무 높은 기대와 지나친 완벽주의, 나약한 자아와 타인의 인정에 대한 지나친 의존성…. 이런 부정적인 측면 중에서 당신에게 해당하는 것은 무엇인가?

불행의 목록은 이외에도 끝없이 늘어날 수 있는데 이는 쉽게 설명할 수 있다. 보통 우리는 무엇이 우리를 행복하게 하는지 구체적으로 짚어내는 것보다 무엇이 우리를 불행하게 하는지를 훨씬 더 잘 설명한다. 미니멀리즘의 깊은 지혜는 바로 이 배제의 원칙에 있다. 한 행복에서 다른 행복으로 서둘러 옮겨 다니는 대신 우리의 행복을 방해하는 것을 최소화하고 제거하는 것이다. 어쨌든 스토아학파는 지나치게 열렬한 행복감에 대해 회의적이었다. 세네카는 말했다.

"측정할 수 없는 모든 것은 해롭지만, 지나친 행복은 무엇보다도 해롭다."

오늘의 스토아인을 위한 1분 철학

불행을 줄이기 위한 작은 지침

당신이 어떻게 스스로 행복을 방해하고 있는지 몇 분 동안 생각해보라. 솔직하고 현실적인 자기 평가를 해보라. 당신은 자신의 행복에 어떤 영향을 미치고 있는가? 일상생활에서 당신은 어떻게 건강과 삶의 만족을 스스로 망가뜨리고 있는가? 당신의 불행을 가장 부채질하는 세 가지 요소를 찾아보라. 그리고 스스로에게 물어보라. 이런 요소를 없애거나 피하거나 잘라버릴 방법은 무엇인가? 그러기 위해서는 어떤 일을 해야 하는가? 마지막으로 두 가지 요소를 선택하고 앞으로 어떻게 다르게 대처할지에 대한 구체적인 전략과 아이디어를 가지고 최대한 현실적인 계획을 세워보라.

오래된 습관을 더 나은 습관으로

> "처음에 불가능하다고 생각했던 일을 하는 데
> 익숙해져라. 사용하지 않아서 힘이 약한 왼손도
> 오른손보다 고삐를 더 단단히 잡을 수 있다.
> 잡는 데 익숙해졌기 때문이다."
> — 마르쿠스 아우렐리우스

만성적인 수면 부족의 경우 문제는 비교적 분명하다. 일단 이 불운의 징조를 피하도록 노력해야 한다. 영구적인 수면 부족을 겪으면 면역 체계가 약화되고 심장 발작과 우울증에 대한 민감성이 높아진다. 또 체내의 염증 활동이 증가하고, 살이 찌거나 쉽게 스트레스를 받는다. 게다가 혈압이 오르고 혈당 수치가 악화하기 쉽다. 심지어 호르몬 생산도 영향을 받으므로 성욕도 가라앉는다. 그리하여 전반적으로 일상생활의 수행 능력과 집중력이 감소한다. 뭔가 조치가 절실하게 필요한 시점이다.

가벼운 수면 부족은 자극적인 효과를 가져올 수 있고 창의적이고 생산적인 작업 과정의 일부라고도 볼 수 있다. 스토아인들은 중요한 일을 완수하려 할 때 일시적으로 잠을 덜 잘 것을 권장하기도 한다. 하지만 장기적으로 수면 부족은 기분에 영향을 미친다. 파괴력만 과도하게 키우는 스트레스도 마찬가지다. 적절한 수준일 때 그것은 긍정적이고 자극적인 효과를 불러온다.

수면 감소의 긍정적인 측면을 이용하고 전반적으로 잠을 적게 자면서도 잘 지내고 싶다면 다음과 같은 요인들을 적극적으로 활용해보기 바란다.

- 음주 끊기
- 규칙적인 명상
- 지구력 운동
- 가볍고 건강한 식사

이렇게 하면 잠을 적게 자면서도 전체적으로 몸이 더 건강해짐을 느낄 수 있다. 실제로 세네카도 채식주의자였고 기름진 음식을 피했다. 내적 본성과 조화롭게 살고 싶다면 올바른 식단과 적절한 수면 리듬은 필수적이다.

질이 양을 이긴다

의사들은 몇 시간을 자는지가 건강한 수면을 위한 필수적인 조건은 아니라고 입을 모아 말한다. 중요한 것은 우리가 아침에 일어났을 때 얼마나 몸이 개운하며 밤새 회복되었다고 느끼는가다. 밤에 몇 시간밖에 자지 않는 짧은 수면 습관을 가진 사람도 있다. 이들에게서 질병 위험이 증가했다는 증거는 없지만, 수면 장애가 있거나 수면 부족이 있는 사람들은 더 오래 자고 싶어도 불가능하다는 증거가 있다. 이런 이유로 수면 시간을 일일이 계산하는 대신 자신이 아침에 일어날 때, 그리고 낮 동안 얼마나 몸이 개운한지를 관찰하는 것이 좋다.

정말로 하룻밤에 4~5시간만 잤느냐는 질문에 앙겔라 메르켈은 이렇게 대답한 적이 있다.

"아니요, 매일 밤은 아니죠. 지속적으로 적당히 좋은 기분을 유지하려면 그것보다는 잠을 더 잘 필요가 있답니다."

종달새와 올빼미

스토아 철학자들이 추구한 활동적이면서 훌륭한 삶은 하루 중 가장 왕성하게 활동할 수 있는 시간을 잠으로 보내지 않는 것과도 관련 있다. 이는 우리 몸의 생체 시계에 대한 이해가 필요하다. 미국 과학자이자 동기부여 전문가인 다니엘 핑크에 따르면, 아주 일찍 일어나거나 너무 늦게 일어나는 사람들은 극소수라고 한다. 대다수는 소위 말하는 '보통 새'에 속한다. 다시 말해 대부분 사람은 종달새도 아니고 올빼미도 아니다.

핑크에 따르면, 하루를 일정한 단계로 나눌 수 있다. 일찍 일어나는 새와 보통 새의 경우 대략 다음과 같은 단계가 이어진다. 아침에 일어났을 때의 정점기와 점심 무렵의 바닥상태, 늦은 오후의 새 집중력이 올라오는 단계, 야간의 회복기로 말이다. 반면에 올빼미의 경우, 밤과 새벽 시간이 회복기이며 아침은 바닥상태에 해당하고 낮부터 늦은 저녁까지가 정점기에 해당한다. 여기서 명심해야 할 점은 침대에서 매우 중요한 일을 하는 것은 피해야 한다는 것이다. 정점기에 정기적으로 휴식을 취하는 일 또한 피해야 한다. 자신의 생체리듬과 조화를 이루며 합리적으로 일하고 잠을 자고 싶다면 하루의 생체 그래프에 더욱 신경을 써야 한다. 여기서도 밤의 수면 시간과 마찬가지로 외부 상황보다 더 중요한 것은 우리 내부의 시계다. 세네카는 이미 알고 있었다.

"사람들이 말하는 것을 따르는 것보다 우리를 행복의 길에서 더 멀리 벗어나게 하는 것은 없다."

당신은 늦잠형인가, 아침형인가

며칠 쉬는 날을 선택하여 당신이 언제 잠이 오는지, 언제 일어나는지를 관찰해보라. 가령 자정 즈음에 잠이 오고 아침 8시에 눈을 뜨는 사람이 있다고 치자. 이때 오전 4시에 살짝 깨는 시간이 중간 수면 시간이 된다. 다니엘 핑크에 따르면 다음과 같은 규칙이 적용된다. 만약 당신의 중간 수면이 오전 5시 30분 이후라면 당신은 올빼미 인간이거나 늦게 일어나는 사람이고, 3시 30분 이전이라면 아침형 인간이거나 일찍 일어나는 사람이다. 그러므로 앞서 예로 든 사람은 아침형 인간의 성향이 있는 '보통 새'라고 볼 수 있다.

불가능해 보이는 목표를 달성하는 방법

어쩌면 당신은 운동이 몸에 좋다는 걸 알면서도 규칙적으로 운동을 하지 않는 사람일 수 있다. 다음은 약한 자아를 극복하고 도저히 불가능할 것 같던 운동을 하게 하는 몇 가지 조언이다.

- 긍정적인 인센티브를 찾기: 아침 운동은 살을 빼는 데 도움이 될 뿐 아니라 기분도 좋게 한다. 그리하여 하루 종일 좋은 기분을 유지할 수 있다.
- 정보 수집하기: 과학 연구에 따르면 오전에 운동을 하는 것이 오후나 저녁의 운동 루틴보다 훨씬 성취 가능성이 높다고 한다.
- 상상력의 힘을 사용하기: 운동을 하기 전 혹은 운동을 하는 동안에도 운동 후에 얼마나 상쾌할지를 생각해보라. 이는 우리의 게으른 뇌를 속이고 노력을 즐거움으로 바꾸는 수법이다.
- 달성 가능한 목표를 설정하기: 처음부터 12킬로미터 달리기나 한 시간의 근력 훈련으로 시작하는 대신 보다 짧은 단위로 시작하는 것이 타당하다. 가령 3킬로미터 달리기나 30분 정도의 체조로 시작해보라. 이때 좌우명은 다음과 같다. “아무것도 하지 않는 것보다 짧고 규칙적인 운동이 낫다.”
- 한계를 확장하기: 그런 다음 매주 1킬로미터나 10분 정도를

추가하여 운동 시간을 연장해보라. 혹은 운동을 하는 동안 시간이나 거리를 연장해보는 것도 좋다. 일단 원래의 목표를 달성하고 난 후이니 추가 목표를 이루지 못한다고 해도 크게 손해 볼 것은 없다.

운동과 건강한 수면을 통해 우리는 거의 자동적이고 부차적으로 더 큰 평온과 행복을 얻을 수 있다. 세네카는 이렇게 말했다.

"좋은 습관은 서로를 보완하는 것이며 그래서 오래갈 수 있다."

습관의 힘을 깨다

우리의 삶을 더 달콤하게 하는 사소한 일상의 죄악에 대해 이야기해보자. 초콜릿이나 케이크, 커피와 담배, 퇴근 후 맥주 한잔이나 매일 마시는 와인 등 우리에게 휴식을 주는 일종의 호사품 말이다. 일단 이런 것에 익숙해지면 처음에는 유혹을 뿌리치기가 쉽지 않다. 하지만 이런 것들은 애초에 어떻게 습관이 될까?

과학자들은 습관의 원인을 이른바 상황적 유발 요인과 그에 대한 우리의 반응 사이의 신경적 연결로 돌린다. 가령 퇴근 후라는 상황과 맥주를 마시는 우리의 반응 사이의 연관성이 그렇다. 우리의 뇌는 보통 여기서 즐거운 경험이라는 반응을 보인다. 이는 뇌의 보상 시스템이 작동하는 것을 의미한다. 잦은 반복을 통해 우리는 이런 보상감에 익숙해진다. 이를 유발하는 배경은 특정한 시간, 장소 또는 다른 사람이 될 수 있다. 특정한 시간에 우리는 커피를 마신다. 퇴근 후 집에서 편한 옷으로 갈아입는 순간 우리는 자유로운 시간을 보낸다는 느낌을 비로소 갖는다. 혹은 친구들과 함께 있는 자리에서 우리는 항상 술을 마신다. 이런 습관을 영원히 바꾸려면 우리는 상황적 배경에 시선을 집중해야 한다.

새로운 습관이 일상이 되려면

만약 당신이 어떤 습관을 깨고 싶거나 그것에 익숙해지길 원한다면 다음의 두 가지 방법이 도움이 될 것이다.

1. 스와핑: 매일 오후 동료와 담배를 피우러 밖에 나가지만 이제부터는 낮에는 담배를 안 피우는 습관을 만들고 싶다고 가정해보자. 그럴 때 자신에게 말해보라. "앞으로는 휴식시간에 동료와 담배를 피우러 나가는 대신 혼자서 차를 한잔 마셔보겠어." 다시 말해 '휴식시간'이나 '바깥 공간' 혹은 '동료'와 같은 나쁜 습관의 촉발제와 그 반응(흡연)을 대체하는 습관을 만드는 것이다. 심리학에서는 이 적극적인 습관의 교환을 스와핑swapping이라고 부른다.
2. 쌓기: 이 방법은 기존의 습관 위에 새로운 습관을 쌓는 것을

말한다. 때때로 치간 칫솔을 사용하는 것을 소홀히 하나 규칙적으로 구강 관리를 하길 원한다고 가정해보자. 이미 형성된 습관 위에 당신이 원하는 것을 덧붙이는 것이 한결 구체적으로 목표를 이루는 방법일 수 있다.

스와핑은 특히 식단을 바꾸는 것에서 그 가치를 입증한다. 가령 사탕이 먹고 싶을 때마다 사과를 대신 먹어보라. 건강 심리학자인 필리파 랠리와 벤저민 가드너의 연구에 따르면, 피실험자들이 자신의 식단을 바꾸는 데 평균 66일이 필요했다. 즉 한 습관을 다른 습관으로 대체하려면 약 두 달이라는 시간이 걸린다. 이는 상당히 고무적인 사실이다. 자신의 목표가 언제 달성될지 알고 있을 때 더 효과적인 노력을 기울일 수 있기 때문이다.

새로운 습관이 저절로 자리 잡도록 하려면 익숙한 습관이 해체되어 새로운 습관으로 바뀌고 그것에 익숙해지도록 어느 정도의 시간 동안 의지력을 발휘해야 한다. 하지만 의지력은 한계가 있으므로 한 번에 조금씩 습관을 고치는 방법을 사용하기 바란다. 변화하는 데 걸리는 시간은 사람마다 습관마다 다르다. 그러니 스스로 인내심을 가질 필요가 있다.

오늘의 스토아인을 위한 1분 철학

변화를 위한 개방적인 태도

변화에 대해 열린 마음을 가지려고 노력하라. 이를 위해 마르쿠스 아우렐리우스의 말을 반복해서 떠올려라.

"새로운 상태에 머무르는 것에 좋은 것이 없듯이, 상황이 변하는 것에 나쁜 것은 없다."

우리는 새롭게 닥치는 장애물에 대해서도 열려 있어야 한다. 세네카는 말했다.

"지상에서 별로 이어지는 쉬운 길이란 없다."

완벽주의와 두려움은 나쁜 조언자

"우리가 말하고 행동하는 것은 대부분 불필요한 것이므로 이를 삼가면 더 많은 여가와 내면의 평온을 얻을 수 있다." — 마르쿠스 아우렐리우스

선입견과 감정에 너무 많이 이끌려 사실을 충분히 고려하지 않는다면, 매일 우리는 빠른 사고에 빠질 위험을 무릅써야 한다. 좋은 결정을 내리려면 성급한 생각이나 두뇌의 한계를 극복해야 한다. 마르쿠스 아우렐리우스의 말을 빌리자면 다음과 같다.

"오늘 나는 모든 장애물을 벗어났다. 아니, 나는 모든 장애물을 거부했다. 그것들은 내 바깥이 아니라 내 안에, 내 편견 속에 존재하기 때문이다."

의식적인 개입이 없다면 빠른 사고는 항상 가장 쉬운 방법과 단기적인 보상을 선택할 것이다. 이는 과거의 실수와 경험으로부터 배울 기회를 우리에게서 앗아간다. 하지만 이 배움이야말로 전반적으로 좋은 삶과 좋은 의사 결정을 관리하기 위한 중요한 전제 조건이라고 할 수 있다.

의미 있는 결정을 내리기 위해서라도 우리는 다시 한번 느

린 사고가 필요하다. 느린 사고의 도움으로, 충동적이고 성급한 반응을 피하고, 다양한 선택지를 생각해볼 수 있을 뿐 아니라 이를 바탕으로 현명한 결정을 내릴 수 있기 때문이다. 하지만 느리고 합리적인 사고 시스템의 능력도 나름의 한계가 있다.

너무 많은 사실, 너무 지나친 요구

너무 많은 사실을 고려하여 완벽한 해결책을 필사적으로 찾으려 할 때는 종종 나쁜 결정을 내리게 된다. 사회과학자이자 노벨상 수상자인 허버트 사이먼은 소위 '최적화'와 '만족화'라는 두 가지 다른 유형의 결정에 대해 말한다. 최적화는 최고의 제품이나 완벽한 거래를 끊임없이 찾는 것인 반면, 만족화는 어떤 일이나 상황이 적당히 좋을 때 만족하는 경향을 말한다. 특히 후자는 종종 머리와 심장이 내리는 결정을 서로 조화시키려 한다. 반면 최적화의 대표적인 상황은 휴가지에서 가장 저렴한 숙소를 탐색하는 것이나 완벽한 파트너를 찾는 것이다.

하지만 특히 휴가 장소나 배우자의 경우 자신이 원하는 이상형에 완벽하게 부합할 가능성은 매우 적다. 지나치게 요구사항이 높을 때는 오히려 자신이 원하던 휴식이나 충족된 관계를 채우지 못하는 경우가 더 많다. 어느 경우든 원하는 결과를 얻는 가장 좋은 방법은 기대를 낮추고, 온라인 검색이나 사실을 확인하고 선택지를 비교하는 데 시간을 덜 낭비하는 것이다. 전체적으로 기대를 덜 함으로써 관심을 자신의 정신 건강에 돌리는 쪽이 훨씬 더 나을 것이다. 여기에는 자신으로부터 관심을 돌리는 것도 포함된다.

하지 말아야 할 목록 만들기

해야 할 일 목록이 오늘날 유행이지만, 하지 말아야 할 일 목록은 행복한 삶을 위해서 필요한 부정적 기술을 적극적으로 실천할 수 있게 해준다. 예를 들어, 다섯 가지의 선택이 있다면 가장 비현실적이고 덜 매력적인 일은 하지 마라. 또 당신을 심란하게 하는 일도 하지 않는 것이 좋다. 여기에는 끊임없이 페이스북을 확인하거나 자신에 대한 지나치게 어려운 요구, 자신의 이미지에 대한 걱정 등이 포함된다. 하지 말아야 할 일의 목록은 불필요한 것을 걸러내는 데 도움이 된다.

잘못된 결정에 대한 두려움

완벽주의자에게서도 흔히 볼 수 있는 것처럼 우리를 두렵게 하는 것은 잘못된 결정을 내리는 것이다. 그리하여 가능한 한 많은 선택지를 열어두고 결정을 계속 연기한다. 우리가 잘못된 결정을 내리는 것을 두려워하는 데는 주로 세 가지 이유가 있다. 그리고 세 가지 해결책이 있다.

놓칠까 봐 걱정돼서

한 장의 카드에 올인하는 것도 절대 현명한 일이라 볼 수 없지만 모든 옵션을 선택해서 실행해보는 것도 좋지 않다. 어떤 것을 놓칠까 봐 두려워하는 마음은 완벽주의자의 강박증을 키우며 결국에는 우울함으로 이어질 수 있다. 심리학자는 이 두려움을 '놓치는 것에 대한 공포'라고 부른다.

*해결책: 이에 대한 해결책은 무엇인가를 놓치고자 하는 갈망, 즉 '놓치는 것의 즐거움'이다. 때때로 놓치고도 살 수 있는 것들의 목록을 만들어보라. 그리고 그 일을 적극적으로 실행해보기 바란다. 이는 약속을 취소하거나 우선순위를 정하는 데 도움이 된다.

부정적인 분위기

우리 모두는 한때 의기소침하고 자존감이 떨어지는 시기를 보낸다. 그럴 때는 뭔가를 할 수 없거나, 실행하는 데 커다란 어려움을 느끼게 된다. 자기 회의와 어차피 실패할지 모른다는 불안함은 우리의 결정을 지연시킨다.

*해결책: 현재 상태를 받아들이도록 하라. 결정을 내리기에 좋은 때와 나쁜 때가 있다. 마음의 힘을 되찾을 때까지 의식적으로 결정을 미루기 바란다. 그리고 그 단계에서 마르쿠스 아우렐리우스의 말을 생각해보라. "옳은 일을 하는 것과 마찬가지로 일을 적게 하는 것은 우리의 기운을 진정 북돋워준다."

내적 불안

오늘날 능력주의 사회에서 널리 퍼져 있는 것이 실수를 저지르거나 사람들에게 조롱받는 것에 대한 근본적인 두려움이다.

*해결책: 의식적으로 의사 결정 과정에 주의를 기울이고 두려움에서 벗어나도록 하라. 언제 결정을 내릴지 계획을 세우고, 친구에게 도움을 청하거나 전문가의 도움을 구할 수 있는지 생각해보고, 하루에 15분 정도 시간을 들여 결정의 이점과 단점을 따져보라. 최선의 결정을 내리도록 스스로를 훈련하고 싶다면, 내면의 완벽주의와 두려움에 변화를 주어야 한다. 당신도 알겠지만 둘 다 좋은 조언자가 아니기 때문이다.

오늘의 스토아인을 위한 1분 철학

변화를 위해서

- 원칙: 스토아학파도 알고 있었고 현대 심리학자들도 확언하는 한 가지가 있다. 행복을 추구한다고 해서 행복으로 이어지지는 않는다는 것이다. 오히려 당신을 불행하게 하는 것을 피하는 것이 행복을 찾는 데 더 효과적일 수 있다. 행복과 만족은 종종 우리가 의도적으로 무엇인가를 내려놓고, 스토아학파처럼 좋은 삶을 위한 부정적인 기술을 실천할 때 찾아온다.
- 실천: 구체적인 예로 당신이 식생활을 개선하거나 내면의 시계를 따르는 법을 배우고 싶다면 덜어냄의 원칙을 따르는 것이 좋다. 이런 의미에서, 건강하게 사는 것은 스트레스를 줄이는 것을 의미한다. 이는 삶의 목표를 보다 성공적으로 추구하도록 해주고 현명한 결정을 내리도록 도와준다. 다시 말해 활력이 넘치는 만족스러운 삶을 영위할 수 있게 해준다.
- 자세: 변화를 위해서는 전략이 필요할 뿐 아니라 보다 개방적이고 솔직한 태도가 필요하다. 가령 자신이 만들어낸 불운의 주문을 물리치는 것이다. 변화에는 항상 여러 가지의 길과 목표가 따르고 관련된 결정도 필요하다. 여기서도 열린 자세가 요구된다. 완벽한 최선의 해결책과 실패에 대한 두려움은 오히려 결정을 마비시키는 요소다. 현실적인 고려가 필요한 이유다.

5장

의미가 주는 행복

어떻게 삶의 동기를 잘 유지할까?

"그 길이 옳은 길이라면 당신은 길의 한가운데서도 매일 자신이 얼마만큼 왔으며, 자연스러운 욕망에 의해 움직이는 목표에 얼마나 더 가까워졌는지를 알아차리게 될 것이다."

— 세네카

우리가 무언가를 하는 이유

"당신이 성취하기 어려운 일이라고 해서 다른 사람도 불가능할 것이라 속단하지 말고, 다른 사람이 할 수 있는 적절한 일이라면 당신 또한 그 일을 할 수 있을 것이라 믿어라." — 마르쿠스 아우렐리우스

어떤 행동의 동기에 대한 질문은 보통 '나는 누구인가?'라는 질문보다 답하기가 쉽다. 자신의 정체성을 묘사하는 것에 비해 우리가 왜, 무엇을 위해, 무엇을 하는지를 몇 문장으로 설명하는 것은 식은 죽 먹기에 가깝다. 그런데 우리가 왜 어떤 일을 하느냐는 질문은 우리의 성격과 밀접한 관련이 있으며, 따라서 자기 자신에게 이르는 지름길이다. 행동의 동기를 살펴보는 것은 정확히 그 일의 의미를 알 수 없을 때 더욱 가치가 있다.

스토아학파에 따르면, 우리가 무엇인가를 하는 가장 흔한 이유는 돈, 인정, 지위, 권력, 명성 등 손에 꼽을 수 있을 정도다. 부유하고 영향력 있는 삶에 대한 욕망은 20대와 30대 사이에서 특히 강하다. 배고픔, 갈증, 성관계와 같은 기본적 욕구 혹은 기본값인 동기 1.0에 비하면, 이와 같은 외부에서 부여되는 동기는 그 동력이 매우 강하다. 스토아학파가 설명한 앞의 다섯 가지 외부 동기 혹은 동기 2.0은 삶을 위한 동력으로 설명할

수 있으며 대부분 사회적 성공과 동의어로 볼 수 있다.

지위에 대한 두려움은 인간적이다

개인적인 선호와 상관없이, 외부적인 동기는 항상 우리의 삶과 일에 중요한 부분이다. 심리학자들은 또한 외적인 동기를 두 가지 심리적인 동기로 나눈다.

1. 보상을 구하는 것
2. 처벌을 피하는 것

이런 외부 요소들은 예를 들어, 우리가 집세를 내고 가족을 부양하기 위해 돈을 벌도록 동기를 부여하기 때문에 중요한 것이다. 하지만 이것에는 단점도 있다. 지위나 돈, 영향력과 권력이 성공의 척도가 되는 세상에서 실패에 대한 두려움이나 성취한 것을 잃는 것에 대한 두려움이 커지는 것이다. 돈을 벌고 이익을 내는 데 초점을 맞춘 자본주의 경제 시스템에서 돈은 거의 불가피하게 높은 우선순위를 가지고 있다. 금전은 우리에게 신분의 상징이자 안락함과 사교적 연결고리, 안정성을 보장한다. 하지만 우리는 또한 지나치게 빠르게 변화하는 세계에 살고 있으며, 이는 금전이 주는 안정감이 지속적으로 위협받고 있음을 의미한다. 실업과 대규모로 퍼지는 전염병, 파산과 잘못된 주식 투자 혹은 대대적인 경제 위기로 촉발된 지위의 상실은 현대인에게 거대한 위협으로 다가오므로 지위에 대한 두려움은 인간으로서 너무나 당연한 감정이라 할 수 있다.

삶의 의미를 찾기 위한 동기 3.0

스토아 철학자들에 의하면 지위에 대한 불안은 삶의 본질과 의미를 놓치고 우리 삶의 질을 심각하게 제한하므로 우리를 불행하게 하는 지름길이다. 지위 불안이 클수록 외부 보상과 처벌에 대한 의존도가 커진다.

인생에서 큰 의미를 얻는 가장 쉬운 방법은 내재적 동기 혹은 동기 3.0을 통해서다. 우리는 흥미를 느끼는 것을 통해 즐거움을 얻으며 열정을 느낀다. 이는 몰입과 밀접하게 관련이 있다. 동기가 결여될 때 우리는 눈앞의 것만 바라보며 살거나, 더 나쁜 경우 외부의 행복을 좇으며 살기 쉽다. 기본적인 동기 1.0과 동기 2.0은 우리 삶에 중요하며 좋은 것이지만, 의미가 채워질 때 진정한 만족이 찾아온다.

우리는 유용하기를 원한다

동기 3.0의 장점은 다음과 같다. 본질적으로 동기부여가 높은 사람은 자존감이 높으며 사회적 관계가 탄탄하고 전반적으로 창의력을 더 잘 발휘한다. 이들은 더 빨리 배우고 더 생산적으로 일하며 더 행복한 삶을 누린다.

미국의 과학 저널리스트이자 동기부여 전문가인 다니엘 핑크는 자신의 책《드라이브》에서 우리에게 본질적인 동기를 부여하는 것이 무엇인지 묘사한다. 다시 말해 그것은 "자신의 삶을 결정하고, 새로운 것을 배우고 창조하며, 자신과 주변 환경을 위해 좋은 일을 하고자 하는 욕구"에 바탕을 둔 것이다. 이것은 좋은 삶을 위해 스토아인들이 추구했던 이상과 가까운 것이다.

본질적인 동기: 좋은 삶을 사는 길

핑크의 설명에 따르면, 동기 3.0을 구성하는 세 가지의 개별적인 내적 동기가 있다.

자기 결정

이는 우리가 무엇을 언제 누구와 어떤 수단으로 실천할지 결정할 자유가 있음을 의미한다. 독립적으로 실천을 하는 사람은 다른 사람보다 더 행복할 뿐 아니라 일에서도 더 성공적인 경우가 많다고 한다. 2,000년 전 에픽테토스는 다음과 같은 말로 자기 결정과 평등의 필요성을 요약했다.

"그대가 가진 명성과 돈 또는 지위를 믿지 말고, 그대 안의 내적인 힘을 믿어라. 자신의 통제하에 있는 것과 그렇지 않은 것에 대한 자신의 평가를 믿어라. 그것만이 우리를 독립적이고 자유롭게 해주며 우리를 바닥에서 끌어올려 부유하고 권력을 가진 자들과 같은 눈높이로 서 있게 한다.”

완벽함

이는 중요한 일을 점점 더 잘하기 위한 우리의 노력에 관한 것이다. 여기에는 우리의 재능에는 한계가 없으며 언제나 발전의 여지가 있다는 통찰도 포함되어 있다. 완벽에 이르는 길은 결코 끝이 없으므로 매혹적인 만큼 우리에게 좌절감을 안겨준다. 마르쿠스 아우렐리우스 또한 완벽의 가치를 인정했다.

“완벽한 규칙에 따르지 않고서는 무작위로 혹은 다른 방법으로 어떤 활동도 수행되어서는 안 된다.”

그리고 에픽테토스는 삶의 전반에 걸친 발전에 대한 스토아의 이상에 대해 다음과 같이 묘사했다.

“소크라테스가 뭐라고 말했는가? 어떤 사람은 밭일을 조금씩 더 잘하고 또 어떤 사람은 말타기의 기술을 발전시키듯이, 나 또한 하루하루 내 일을 조금씩 발전시켜가는 것에서 기쁨을 느낀다.”

의미 충족

이는 자신보다 더 위대한 무언가를 추구하려는 인간의 자연스러운 욕구를 나타낸다. 좀 더 구체적으로 말하면 좋은 부모 노릇을 하려고 노력하거나 자원봉사를 하거나 공동체를 위해 기여하는 등 타인을 위해 자신을 바치는 것을 말한다.

소크라테스나 플라톤, 아리스토텔레스와 같이 스토아학파는 공동선을 사상의 중심에 두었다. 이들은 인간이 실용적이면서도 타인에게 도움 되는 좋은 일을 하고자 하는 강한 욕구를 가지고 있다는 사실을 알고 있었다. 타인에게 실용적이면서도 도움 되는 일을 하는 것은 아마도 의미 충족의 핵심이 되는 경험일 것이다. 우리는 세상을 변화시키고 긍정적인 영향을 끼치고 싶어 한다.

세네카에게 의미 있는 삶이란 '실용적이고 이타적이며 자신뿐 아니라 모든 사람을 돌보는 삶'이다. 또한 마르쿠스 아우렐리우스에게 의미란 훌륭한 대의명분이나 커다란 계획을 위해 몰입하는 것이나 다름없다. 그는 이 특별한 경험에 대해 이렇게 썼다.

"누구나 자신의 이익을 추구하려고 지치지도 않고 기를 쓴다. 하지만 이익은 자연과 조화로움을 추구할 때 비로소 발생한다. 그러니 다른 사람들을 도우면서 자신의 이익을 찾는 일에 지치지 마라."

인간이 품은 이기심의 일부

타인을 도와주고자 하는 욕구는 대부분의 사람이 가진 생각이며 삶에서 더 큰 만족과 의미를 얻기 위한 지름길이기도 하다. 연구자들이나 사회적인 활동을 많이 하는 사람들은 다른 사람을 돕는 일에서 행복을 느낀다는 데 동의한다. 이런 점에서 더 높은 곳을 추구하는 것은 인간이 품은 이기심의 한 부분이기도 하다. 스토아 철학자들도 같은 생각이었다. 마르쿠스 아우렐리우스는 다른 사람을 돕는 것을 휴식의 한 형태로 보기도 했다.

"한 가지 일을 하는 것을 즐기며, 그 안에서 휴식을 찾아라. 차례로 한 가지씩 공동체를 위한 일을 하라."

지치거나 삶이 공허하다고 느껴질 때 이 말을 생각해보라. 다른 사람에게 도움이 되는 경험은 마치 짧은 휴식과 같은 효과를 가져다줄 것이다.

세네카 역시 삶의 의미를 충족시키는 일은 자신과의 거리를 유지하며 동시에 자신을 위한 무엇인가를 얻는 것으로 보았다.

"숭고함이란 따로 없다. 고귀한 사람은 완전히 자신의 모습으로 살 때 비로소 삶의 성취를 이룰 수 있다."

오늘의 스토아인을 위한 1분 철학

타인이란 누구인가

더 큰 범주의 타인이란 가까운 가족이나 자녀, 친구들, 우리가 속한 팀이나 동료, 청소년, 예술가나 가난하고 아픈 사람들만이 아니다. 동물과 식물, 환경 또는 기후도 타인의 범주에 속한다. 중요한 것은 자신을 넘어서는 더 큰 대의를 위해 헌신하는 것이다.

의미란 돈으로 살 수 없는 것

"나는 부가 좋은 것이라고 말하지 않겠다. 나쁜 것들 틈에 끼어 있는 그것을 좋은 것이라고 말할 수는 없다. 한편 그것이 유용하고 인생에 큰 기쁨을 가져다준다는 점은 인정한다." — 세네카

"행복을 살 수는 없지요."

달라이 라마의 여동생 제선 페마는 오스트리아의 에르빈 바겐호퍼 감독이 만든 〈하지만 아름다운But Beautiful〉이란 영화에서 이렇게 말한다. 우리는 쇼핑몰에 가서 행복이나 만족을 살 수가 없다. 의미도 마찬가지다. 행복이나 의미, 삶의 만족은 재산이나 부와는 별개의 것이다. 그럼에도 불구하고 한 유명한 연구에서 노벨 경제학상 수상자인 대니얼 카너먼과 앵거스 디턴은 서구 선진국 사람들의 만족도가 소득이 증가할수록 높아진다는 연구 결과를 발표했다. 다만 만족도의 증가는 연간 소득 7만 5,000달러에서 멈춘다는 사실을 발견했다. 응답자가 얼마나 자산을 많이 보유했는지는 고려 사항에 넣지 않았다.

그런데 다른 심리학적 연구를 보면 많은 백만장자들이 거의 모든 영역에서 다른 사람들보다 훨씬 행복하다고 느끼는 것을 알 수 있다. 부자들은 소득이나 건강, 가정형편, 생활환경뿐

아니라 삶이 전반적으로 더 행복하다고 답했다. 동시에 평균소득을 버는 사람들은 자산이 있는 한 대체로 자신의 삶에 만족하는 태도를 보였다. 다만 매우 부유한 사람들에 비해 노동 시간이 긴 점을 조금 불만족스러워할 뿐이었다.

이에 대한 전문가들의 설명은 비교적 간단하다. 부는 높은 소득보다 더 중요한 안전망의 기능을 가지고 있다. 가령 경제위기의 순간에 부족한 소득을 보완할 수 있다. 아마 이보다 훨씬 더 중요한 한 가지 사실은 부가 우리에게 자유를 준다는 점일 것이다. 예를 들어, 직장이 불만스럽다면 그만두거나 직업을 바꿀 수 있다. 그러므로 이 시점에서 분명히 짚고 넘어가자. 우리가 삶의 다른 영역에서 대부분 만족을 느낀다면 부는 안정감과 자유를 더해주는 요소다. 한 가지 더 분명히 하자. 우리가 애정 관계와 같은 우리 삶의 대부분의 다른 부분에 만족한다면, 재산은 안전과 자유의 감정을 증가시킨다. 함부르크 주간지 〈디 차이트Die Zeit〉가 1만 유로 상당의 골드바 추첨을 통해 신규 독자를 모집하는 광고를 하는 것은 우리 안에 있는 자유와 재정적 독립에 대한 열망을 정확하게 파악했기 때문이다.

물질적 안정감에 따르는 대가

스토아학파는 돈과 부와 같은 요소로부터 가능한 한 자신을 해방할 것을 확실하게 권고한다. 세네카와 마르쿠스 아우렐리우스와 같은 스토아 철학자들은 물론 매우 부유한 삶을 영위했지만 현대의 연구 결과와 달리 이들은 내면의 자유와 만족감은 물질에 의존하지 않는다고 확신했다.

그런데 우리의 행복을 부와 결부시키는 것은 극도로 위험한 태도인데 여기에는 두 가지 이유가 있다. 첫째, 우리 중 억만장자나 큰 부를 누릴 수 있는 사람은 극소수에 지나지 않는다. 둘째, 부는 영원히 안전하지 않으며 우리의 잘못으로든 외부 환경 때문으로든 잃을 수 있다.

이야기를 요약하자면 행복은 소득에 따라 커진다. 또한 부는 행복을 증가시키고, 점진적인 자유를 주며, 당신의 삶을 감싸주기 때문에 어떤 결정을 내리는 데 큰 자유를 안겨준다. 어떤 결정을 더 쉽게 내릴 수 있다. 그러나 어느 시점에서 동기 1.0과 2.0 수준에서 우리가 추구하던 모든 것이 이루어진다면 무슨 일이 일어날까? 우리 삶의 만족도는 여전히 그대로이고 더 큰 비용을 요구할 것이다.

의미는 무한히 확장될 수 있다

궁극적으로 카너먼과 디튼의 연구를 통해 알 수 있는 결론은 지위나 권력, 명성이나 인정과 같은 전반적인 성공 요소에도 적용될 수 있다. 이 모든 것을 증대시킬 수는 있지만 일정 이상 수준의 물질적 성공은 더 이상 우리 삶의 전반적인 만족도에 영향을 미치지 않는다. 그러므로 혹시 상당한 돈을 벌 기회가 있다면 놓치지 않는 것이 좋겠다. 하지만 몇 안 되는 억만장자의 반열에 들겠다고 기다릴 필요는 없다. 또한 무한한 안정감과 물질적 자유에 대한 환상에 마음을 뺏기지 말기 바란다.

여기서 좋은 소식은 굳이 돈이 아니더라도 우리는 드높은 만족과 성취감을 얻을 수 있다는 것이다. 재정적 성공과 사회적 지위 혹은 영향력과 달리 이 충족감은 무한히 확장 가능하다. 우리가 해야 할 일은 단지 일상의 삶에서 개인적인 목적에 헌신하며 본질적으로 우리에게 동기부여하는 것을 추구하는 것이다.

굳이 말하자면 우리가 무엇에 관심을 두는지는 중요하지 않다. 음악이나 마케팅, 심리학이나 정치, 서비스와 홍보, 녹색기술과 비폭력 대화, 판매와 돌봄, 법률, 패션과 인공지능 등 무엇이든 상관없다. 우리의 목표와 가치가 우리 본연의 모습과 일치할 때, 자동적으로 우리는 자기 주도적 결정과 완벽성, 의미의 순간으로 이동한다. 그리하여 다른 사람이 아닌 자기 자신에게 감동을 주기 위해 일상의 실천을 하고 노력을 기울인다. 다시 말해 자신에게 충실한 삶을 사는 것이다.

오늘의 스토아인을 위한 1분 철학

의미를 찾는 질문

몇 분의 시간을 내어 다음과 같은 질문에 답해보라. 당신은 지금 이 시점에서 가장 중요한 다섯 가지 가치와 목표를 나열할 수 있는가? 자기 결정과 완벽함, 의미 충족을 삶의 어느 측면에서 찾을 수 있는가? 살면서 맞이하는 경험에서 의미를 찾으려면 무엇을 해야 하는가? 어떤 분야에서 당신의 가치와 목표를 보다 일관되게 구현해야 하는가?

누구도 빼앗아갈 수 없는 우리 안의 것들

"우주에서 가장 강한 힘을 존경하라. 그것은 모든 것을 사용하고 모든 것에 질서를 부여하는 힘이다. 하지만 그대 안에 있는 가장 강한 힘 또한 존경하라. 그대 안에 있는 그것은 다른 모든 것을 필요로 하며 그대의 삶에 질서를 부여하는 힘이기 때문이다."

— 마르쿠스 아우렐리우스

여배우 잔드라 휠러는 어린이와 청소년의 문학과 관련한 팟캐스트에 출연해서 어린 시절 시를 즐겨 암송했다고 말했다. 지금까지도 항상 한 편의 시를 마음속에 지니고 다닌다고도 고백했다. 오스트리아의 극작가이자 시인인 후고 폰 호프만슈탈이 쓴 시 〈경험Erlebnis〉인데 마치 꿈속인 양 삶과 죽음의 경계가 흐릿하게 표현된 작품이다. 휠러는 왜 그 시를 기억하고 있을까? 그녀가 들려주는 이유는 흥미로우면서도 동시에 감동적이다.

"왜냐하면 어느 순간 나는 어떤 강박에 사로잡혔는데, 그것은 내가 빠져나올 수 없는 곳에 갇히게 되더라도 적어도 내 머릿속에는 누구도 나에게서 빼앗아갈 수 없는 뭔가가 있어야 한다는 생각이었어요."

우리 안에 있는 자신만의 무언가에 대한 유치한 열망, 아무도 자신에게서 빼앗을 수 없는 것에 대한 욕망은 삶의 의미에 대한 우리의 갈망을 보여준다. 이 의미는 한편으로는 우리 내부에 있는 경험 가능한 것이어야 하지만, 다른 한편으로는 우리보다 더 큰 무엇이어야 한다. 내면의 부나 존엄성, 정신, 지혜, 원칙과 목적 등 우리가 그것을 무엇이라고 부르든 그것을 우리에게서 빼앗을 수는 없다.

최고의 선은 나에게서 의미를 찾는 것

6세기에 동고트족의 왕 테오도리쿠스 치하에서 로마의 철학자이자 정치가였던 보에티우스는 사형을 선고받고 마침내 공개적으로 처형되기 전까지 가장 유력한 정치인 중 한 명이었다. 수감 기간 동안 그는 저서 《철학의 위안》을 썼다. 책에서 보에티우스는 자신의 삶에 대해 이야기하며 스토아 철학에서 위안을 찾는다.

절망적인 상황에서 보에티우스는 자신의 강점과 가치를 되새긴다. 이는 죽음에 대한 두려움이라기보다는 자기 인식을 얻어가는 과정으로 볼 수 있다. "그러므로 자족과 권력은 같은 본질을 가지고 있다"라고 그는 지적한다. 여기서 권력은 우리 자신에 대한 권력, 즉 자기 통제를 의미한다. 스토아 철학의 전통에 따라 그는 자신을 열정으로부터 자유롭고 독립적인 존재로 파악한다. 그러면서 자신을 격려하고 아름다움이나 재산, 지위나 정치적 성공이나 명성과 같은 외부 재화란 일시적일 뿐이라는 스토아적 깨달음을 확인한다. 오직 최고의 선만이 완벽한 성취감을 준다. 그것은 자기 자신에게서 의미를 찾는 것이다.

영혼과 그 자체의 조화

세계적인 정신과 의사 빅터 프랭클은 우리 안에 아무도 빼앗을 수 없는 무엇인가가 있다는 사실을 경험하는 것을 삶의 의미를 찾기 위한 실존적 요소라고 보았다. 강제수용소 안에서 부모와 아내, 형이 살해당하는 일을 겪고도 그는 삶의 의미를 찾을 수 있는 기회를 보았다.

빅터 프랭클은 어쩌면 최악으로 비극적이고 절망적인 상황에서도 삶을 의미 있게 만드는 방법을 발견한 20세기의 가장 유명한 사례일 것이다. 그를 둘러싸고 있던 외면적 존엄성이 박탈된 상황에서도 빅터 프랭클은 누구도 앗아갈 수 없는 내면의 무엇인가를 찾아냈다. 세네카에 따르면 스토아 철학의 가장 고귀한 요소인 '영혼의 조화'가 외부의 위협에 관계없이 어떻게 의미 있는 경험으로 나타날 수 있는지를 보여주는 예라고 할 수 있다. 빅터 프랭클이야말로 스토아 가문의 가장 훌륭한 후계자로 삼을 만하다.

그렇다면 삶의 의미란 무엇일까? 우리는 그것을 언제 어떻게 느끼는 걸까?

- 우리를 움직이는 것: 인간의 행동은 배고픔과 같은 기본적인 욕구와 돈이나 평판과 같은 외적인 동기, 그리고 우리 안에 있는 내적인 동기에 의해 촉발된다.
- 우리를 제한하는 것: 물질적, 사회적 성공은 어느 정도까지만 만족을 줄 수 있다. 주로 외적인 동기만 가지고 행동한다면, 어느 순간 무의미함이 우리를 채우게 될 것이다.
- 우리를 나아가게 하는 것: 우리는 내부에서 스스로 문제를 해결할 때, 자신에게 어울리는 목표를 찾을 때, 그리고 보상이나 처벌과 상관없이 어떤 일을 할 때 자신의 가치와 삶의 의미를 발견한다.
- 우리를 더 크게 만드는 것: 타인이나 일반 대중을 위해 좋은 일을 하는 것은 우리를 행복하게 한다. 바깥 세계를 위해 뭔가를 추구하는 것에서 보람을 느끼기 때문이다.
- 이치에 맞는 것: 자신에게 잘 어울리고 내적 동기가 분명한 목표가 모두의 이익이 되는 요소까지 갖추고 있다면, 우리는 스스로 자기 결정권을 가지고 더 나은 삶과 만족스러운 경험을 위해 행동할 수 있는 기회를 얻게 된다.

오늘의 스토아인을 위한 1분 철학

내면으로 이동하기

눈을 감고 안전하다고 느끼는 상상의 장소로 가보라. 상상력을 마음껏 발휘해도 좋다. 중요한 것은 당신이 편안함을 느끼는 것이다. 아늑한 숲속의 오두막에서 담요로 몸을 감싼 채 모닥불을 앞에 두고 앉아 있거나, 아름다운 계곡이 내려다보이는 높은 산봉우리나 향기로운 꽃들로 둘러싸인 초원 혹은 햇살이 가득 비치는 숲속의 개간지에 서 있는 자신을 상상해 보라. 그곳에 몇 분 정도 머물면서 내면의 안정감을 느껴보라. 제일 좋은 것은 아침에 그곳을 방문해서 거기서 받은 에너지로 하루를 보내는 것이다. 그 공간이야말로 누구도 당신에게서 빼앗을 수 없는 곳이다.

6장

혼자 있는 즐거움

어떻게 나의 고유성을 발견할까?

"사람들은 시골의 들판과 바닷가, 산에서 고독을
찾는다. 하지만 이 갈망에서 솟아나는 풍경은
얼마나 제한적인가. 그대는 원하는 만큼 자신
속으로 들어갈 수 있다. 인간의 영혼보다 더
고요하고 방해받지 않는 피난처는 없다."

— 마르쿠스 아우렐리우스

외로움의 긍정적인 측면

"깊이 들어가라. 충분히 깊이 파고들면 결코
파괴되지 않는 선한 근원이 그대 안에 있을 것이다."
— 마르쿠스 아우렐리우스

파리에서 공부하는 동안 나는 일주일에 몇 번이나 카페에 갔다. 나름 의미심장하게도 정지라는 뜻의 '포즈pause'라는 이름의 카페였는데 내가 살던 곳에서 몇 블록밖에 떨어져 있지 않았다. 나는 항상 그곳에 혼자 가서 카페 크렘을 주문했다. 때로 카페에 앉아 분주한 길거리를 구경하거나 책이나 잡지를 읽거나 동네 사람들과 몇 마디 인사를 주고받기도 했다. 하지만 대부분의 시간 동안은 그저 내 생각에 잠겨서 내 안에서 어떤 감정과 충동이 일어나는지를 관찰하곤 했다. 카페 포즈에서 매일 마시는 카페 크렘은 나에게는 중요한 의식이 되었다. 그 카페는 마치 빠르게 움직이는 익명의 대도시에서 나에게 닻이 되어주는 것 같았다.

파리는 흥미로우면서도 거대하고 이상한 도시였다. 카페 포즈에서 나는 의식적으로 나 자신을 외로움과 그 감정에 노출시켰다. 다른 말로 표현하자면 스스로 혼자 서는 연습을 했던 것이다. 이 규칙적인 혼자만의 휴식시간이 늘 즐겁기만 한 것은 아니었다. 때로 외로웠고 길을 잃은 듯한 기분도 들었다. 하지만 대체로 그렇게 보낸 시간이 유익했고 그 시간 동안 얻은 여러 영감과 통찰력으로 그날의 나머지 시간을 풍성하게 보낼 수 있었다.

심리학자들도 고독에 몰입할 수 있는 이런 유형의 인간 능력에 대해 언급한다. 이것은 우리가 우리 자신의 충동과 관심을 추구하는 몰입의 경험과 유사하다. 다만 이를 시도하기 위해 굳이 파리에 혼자 갈 필요는 없다. 그저 아무 데나 앉아서 다음 두 가지를 하는 것만으로도 충분하다.

1. 나의 목소리 듣기
2. 나의 욕구와 관심거리에 집중하기

카페 포즈에서 내가 한 일이라고는 그게 전부였다. 나는 가만히 앉아서 내 생각과 감정을 지켜보며 나의 관심을 끄는 것이 나타나기를 기다렸다. 그 충동이 정말로 나만의 것이며 내 안에서 올라온 것이라는 확신이 들 때까지 지켜보고 기다렸다. 또 항상 메모하면서 내가 관찰하고 생각한 중요한 것들을 기록했다.

혼자 있는 것만큼 자신과 정면으로 마주하는 시간이 있을까? 혼자 있을 때 우리는 지루함과 내면의 공허함을 느끼거나 외로워진다. 특히 외로움에 대한 두려움은 종종 우리가 혼자 있는 것을 피하도록 만든다. 그럴 때 우리는 누군가에게 전화하거나 약속을 잡거나 스마트폰을 꺼낸다. 혼자 있는 순간을 자각하고 자신의 목소리를 들으며 가만히 있는 대신 주의를 흩트리는 행동이나 활동에 몸을 내던진다. 아니면 계획을 세우고 해야 할 일을 마음속으로 훑어보거나 옛날에 있었던 일들 혹은 앞으로 있을 일들을 생각한다.

어떤 식으로 시간을 보내든 혼자 있는 시간은 우리를 회피 전략과 대면하도록 만든다. 그 안에서 우리는 자신의 도망치려는 성향을 관찰하며 그것에 적극적으로 대응할 수 있다. 내면의 저항이나 주의를 돌리는 전략에 휩쓸리지 않고 자신을 견디며 자신을 위한 공간을 만들어내는 것이다. 혼자 있는 시간은 다음의 기술을 단련하는 중요한 경험의 시간이 된다.

- 내면의 깊이를 얻기
- 나를 돌아보기
- 나를 견디기
- 나를 믿기
- 나의 고유성을 발견하기

• 나 자신과의 관계를 유지하는 힘을 얻기

이를 깨우친 사람은 마침내 혼자 있는 시간을 즐길 수 있고 더 이상 절로 찾아오는 외로움에 잠식당하지 않을 수 있다.

홀로일 때 드러나는 나의 고유성

마르쿠스 아우렐리우스와 스토아 철학자들은 또한 자신의 감정을 들여다보는 일의 중요성을 거듭 강조한다.

"다른 사람의 영혼에서 일어나는 일을 몰라서 불행한 사람은 거의 없다. 하지만 자기 영혼의 충동을 따르지 않는 사람은 필연적으로 불행할 수밖에 없다."

내면의 욕구, 그리고 진정으로 자신이 흥미를 느끼는 것과 접촉하는 순간 특별한 방식으로 자신과 마주하게 된다. 깊은 고독 속에서 우리는 자신의 고유성과 독창성을 경험한다. 이 경험 속에는 깊은 만족감과 성취감을 주는 무언가가 있다. 우리가 본연의 모습과 자신의 성격에 순응하는 삶을 산다면 조화로운 삶을 넘어서는 다른 무엇도 얻게 될 것이다. 그것은 스토아 철학자들이 말한 것처럼 우리 자아의 가치를 강화하고 우리 안에 있는 '선'을 깨닫는 힘을 얻는 것이다. 비로소 자신과 화해하는 것이다.

그렇다고 혼자 있기 위해 반드시 고립된 곳에 자신을 놓아 둘 필요는 없다. 공원에서든 공공장소에서든 카페에서든 사람들 사이에서 혼자 있는 것도 멋진 일이다. 사람들 사이에서 혼자 있는 것은 심지어 긍정적인 부대 효과도 가져다준다. 외로움이 주는 싸늘한 느낌을 극복할 수만 있다면 주위에 사람들이 가까이 있다는 사실을 아는 것만으로도 힘이 될 수 있다.

혼자 있거나 다른 사람들 속에 있는 것은 모두 카페나 다른 번잡한 장소에서 실천 가능한 행동이다. 내가 종종 파리에서 느꼈던 것처럼, 이를 통해서 외로움은 불편하고 위협적인 느낌이 아니라 내면의 자원과 힘의 원천이 될 수 있다.

오늘의 스토아인을 위한 1분 철학

나 자신을 견디기

자신을 받아들이기 위해서는 자신과 단둘이 있을 수 있어야 한다. 그러려면 자신을 잘 부축할 수 있어야 한다. 당신이 얼마나 자신을 잘 지지할 수 있는지 알고 싶은가? 침묵 속에 들어가보라. 가령 한 시간 동안 아무 말도 하지 않거나 구체적인 것들에 대해 생각하지 마라. 그 시간이 지나면 자신을 묵묵히 견디는 일이 얼마나 쉬운지 혹은 어려운지 알 수 있을 것이다. 그런 다음 매일 15분에서 20분 정도 이를 위한 시간을 비워둬라. 이런 방식으로 당신은 점차 내면의 고요함과 관계를 맺을 수 있게 된다.

타인의 판단으로부터 해방되기

"외부의 도움 없이, 다른 사람 없이도 마음의 평화를 찾을 수 있을 때 비로소 우리는 영혼의 고요함을 찾을 수 있다. 우리는 누구의 부축을 받지 않고도 똑바로 설 수 있어야 한다." — 마르쿠스 아우렐리우스

스토아인들에게 혼자라는 것은 단순한 상태가 아닌 일종의 태도다. 마르쿠스 아우렐리우스에게 '똑바로 서는 것'은 자신에게 진실하며 타인의 견해에 휘둘리지 않는다는 의미다. 우리는 타인이 우리에 대해 어떻게 말하고 생각하는지에 지나치게 관심을 두고 산다. 자신만의 기준을 적용하는 대신 남의 기준에 맞춰 자신을 평가한다. 그 결과 자신감을 잃고 타인의 의견에 휘둘리는데, 이는 결국 세네카가 말한 것처럼 문제를 일으킨다.

"신뢰의 결여에서 문제가 시작된다."

타인을 기쁘게 하려 하지 말고 내면의 신념을 따르자

에픽테토스는 다음과 같이 썼다.

"만약 그대가 바깥세상의 소용돌이에 말려들어 다른 사람

을 기쁘게 하고 싶다면, 그것으로 인해 그대의 원칙에서 벗어난다는 사실을 알아야 한다."

누군가의 판단이나 의견으로 인해 상처받거나 짜증이 나는 순간, 바로 그 느낌에 의문을 품어야 한다. 어쩌면 우리는 타인을 기쁘게 하려는 욕구에 굴복하고 있는지도 모른다. 그리고 누군가를 기쁘게 해주고 싶을수록, 역으로 자신이 마땅히 받아야 할 관심을 받지 못할 때는 더 쉽게 실망하고 속상해하고 상처받는다. 그러므로 타인의 인정과 관심을 요구하는 대신 어째서 자신의 기대가 실망으로 변했는지, 진정 자신이 제대로 된 기준을 세웠는지 자문해야 한다.

물론 타인에게 기쁨을 주고자 하는 것은 지극히 정상적인 욕망이다. 하지만 이것이 우리가 무엇인가를 하는 첫 번째 이유가 되어서는 안 된다. 스토아 철학자들은 타인을 기쁘게 하려는 욕망을 누르는 것을 내면의 확신이라고 보았다. 심지어 에픽테토스는 다른 사람들에게서 기대하는 칭송을 스스로에게 주어야 한다고 생각했다.

"그러므로 모든 상황에서 철학자가 되기에 충분한 삶을 살아야 한다. 그대가 보이고 싶은 모습이 있다면 스스로를 그렇게 보고 만족하라."

이 접근법은 상당히 강해 보이지만 매우 효과적이다. 일단 자신에게 존중을 보일 때 다른 사람의 존중이 필요한지를 판단하기가 훨씬 쉬워지며 그다음에 어떤 방식으로 타인의 존중을 얻고 싶은지를 판단할 수 있기 때문이다.

나만의 기준 설정

다른 사람들의 기대와 의견에 너무 사로잡히게 되면 타인의 기준을 내면화하기 쉽다. 이는 혼자 있을 때조차 그 기준으로부터 자유롭지 못하다는 것을 의미한다. 특히 상처 주는 말을 들었을 때 그런 경향이 심해진다. 그렇게 함으로써 우리를 모욕하거나 공격하는 사람들의 평가 기준을 받아들이고 자신을 평가절하하는 것이다. 이를 피하려면 타인의 판단과 기대와 거리를 둘 수 있는 용기와 능력이 필요하다. 마르쿠스 아우렐리우스는 이렇게 썼다.

"그대를 모욕하고자 하는 사람들의 판단을 그대로 받아들이지 말고, 그들이 그대에게 원하는 판단대로 그들을 평가하지도 말고, 있는 그대로 그들을 바라보라."

이는 단순히 어떤 모욕이나 상처를 그대로 받아들이거나 거부해야 한다는 것을 의미하지 않는다. 우리는 분명 자신의 감정을 진지하게 받아들이고 타인의 어떤 말이 우리에게 상처가 되는지를 꼼꼼히 살펴야 한다. 하지만 자신의 상처를 불필요하게 연장시키거나 고착시키는 일은 막아야 한다. 스토아 철학자들은 타인의 의견이나 말, 판단으로부터 내면적 독립을 이루는 것을 좋은 삶을 위한 필수적인 요소로 보았다. 세네카는 말했다.

"그러므로 군중으로부터 자신을 분리하고 (…) 마지막으로 더 조용한 안식처로 물러나라."

그는 다른 사람들의 시끄럽고 변덕스러운 의견에 자신을 맞추지 말라고 충고했다. 그러면서 이렇게 권유했다.

"이제 당신을 위한 시간을 가져보라!"

내면의 만족을 위한 원칙 세우기

동료나 경쟁자, 친구나 적, 롤 모델 등 종종 자신과 비교 대상이 되는 사람의 이름을 목록에 적어보기 바란다. 그다음 그들의 성격이나 성취 혹은 비교하고 싶은 부분을 적어보고, 그 목록 아래 또는 옆에 선을 그어보라. 종이의 빈 공간에는 당신의 이름이나 나이, 성취, 장점 등을 적어보라.

다 적었다면 이제 이런 원칙을 써보자.

"나를 다른 사람과 비교하지 않는 것은 나의 차별화와 삶의 만족을 위한 가장 중요한 조건 중 하나다."

이런 방식을 통해 자신이 적용하는 기준이 무엇인지를 보다 분명히 인식할 수 있다.

세상만사에 의견을 내놓을 필요는 없다

세상만사에 대해 자신의 견해를 말하는 사람은 쉽게 수렁에 빠져 중요한 것을 놓칠 수 있다. 따라서 스토아학파는 모든 것에 자신의 의견을 표현하는 사람은 매사에 불만이 많은 성격이라고 보았다. 오늘날 우리는 디지털 미디어를 통해 끊임없이

다른 사람들의 의견을 접하며 언제든 자신의 의견을 표출할 수 있다. 게다가 언제나 수많은 선택권을 갖고 있다. 마르쿠스 아우렐리우스는 이렇게 썼다.

"어떤 문제에 대해 굳이 의견을 내세우지 않는 것은 그 사람의 영혼에게서 부담을 덜어주는 것과 같다."

스토아 철학자들은 가장 중요한 목표와 가치의 관점에서 명확한 행동을 취할 것을 권고한다. 의심스러울 때는 굳이 어떤 의견을 내세우기보다는 모르는 것을 인정하는 편이 더 낫다. 소크라테스는 이렇게 말하곤 했다.

"나는 내가 아무것도 모른다는 사실을 안다."

오늘날의 맥락으로 해석하자면, 그가 말하는 의견의 결여는 그 사람의 나약함이나 정신적 한계를 의미하는 것이 아니다. 오히려 세상만사에 참견하지 않는 것은 지성인의 표본일 수 있다. 복잡한 질문에 대한 섣부른 대답은 종종 잘못된 방향으로 흘러서 모든 것을 망치기도 한다. 스위스 작가 롤프 도벨리는 이렇게 썼다.

"오늘날 특히 문제가 되는 것은 정보의 과잉이 아니라 의견의 과잉이다."

특히 오늘날처럼 정보가 어디서나 끊임없이 넘치는 세계에서는 무지도 일종의 의견일 수 있다는 사실이 우리에게 해방감을 안겨준다. 이 사실을 깨달으면 격렬한 논쟁과 의견 불일치로 인한 갈등에서 빠져나올 수 있다. 또한 불필요한 실수를 피하고 반쪽의 진실이나 헛소리를 퍼뜨리는 일을 예방할 수도 있다. 간단히 말해 의견을 내세우지 않고 뒤로 물러서는 것은 스토아인들에게는 자기 통제의 표현이다. 지나치게 넘치는 의견이 불리한 이유는 다음과 같다.

- 질 대신 양: 끊임없이 자신의 의견을 내고 표현하는 사람은 주제에 대해 깊이 고민하지 않을 가능성이 크며 억측과 헛소리를 남발하는 실수를 저지를 위험이 있다. 세상에는 우리가 흡수하고 처리할 수 있는 것보다 훨씬 더 많은 지식과 정보가 존재하기 때문이다.
- 개방성 대신 정보 거품: 자신의 의견에 지나치게 신경을 쓰는 사람들은 주로 자신의 견해를 확인해줄 수 있는 정보에만 집착하고 다른 모든 것은 무시하는 경향을 보인다. 심리학에서는 이것을 확증편향이라고 부른다.
- 외로움 대신 산만함: 많은 의견이 우리가 통제할 수 있는 범위 밖에 있으며 이로써 우리는 걱정을 한다. 하지만 불안과 걱정이 커져갈수록 우리는 혼자 있는 상태를 피하게 된다.

자기 연민으로 자신을 대하기

> "어쨌든 인간은 모든 외부로부터 자신을 해방하고, 자신을 성찰하며, 자신감을 갖고, 스스로를 즐기고, 자신의 가치를 존중하고, 타인에게서 가능한 한 멀어져서 자신에게 충실하고, 손해를 보더라도 분노하지 아니하며, 역경 속에서도 긍정적인 면을 찾아야 한다." — 세네카

당신이 한창 삶의 전성기에 있고, 공직자로서 승승장구하고 있으며, 명성이 꾸준히 증가하는 상태라고 상상해보라. 모두가 당신의 조언을 필요로 하고, 엄청나게 중요한 공식 행사에 매번 초대받으며, 특별한 청중들 앞에서 연설하는 것도 드문 일이 아니다. 그런데 갑자기 정권이 바뀌고 당신은 법을 어겼다는 비난을 받는다. 전 정권은 기소되었고 이에 대한 처벌로 당신은 나라를 떠나야 한다.

세네카도 그랬다. 서기 41년 그는 클라우디우스 황제에 의해 8년 동안 코르시카로 추방되었다. 심각한 위협에도 불구하고 세네카는 이전의 아우구스투스 황제와 티베리우스, 칼리굴라 황제의 통치하에서도 무사히 살아남았다. 칼리굴라 치하에서는 간신히 사형을 면한 적도 있었다. 그러다가 결국 클라우디우스 치하에서 그는 황제의 여동생 율리아 리빌라와 불륜을 저질렀다는 혐의를 받았다. 클라우디우스의 아내 메살리나는

정치적 격변의 위험을 감지하고 세네카를 추방할 것을 촉구했다. 한편 율리아 리빌라 또한 추방당했고 얼마 되지 않아 죽임을 당했다.

세네카가 추방당했을 뿐 살해되지 않았으니 어쩌면 운이 좋았다고 말할 수도 있겠다. 자신의 어머니 헬비아에게 보낸 긴 편지에서 세네카는 자신이 어떻게 유배 생활을 했는지 설명한다. 흥미롭게도 그의 편지에서는 분노나 실망, 외로움의 흔적이 전혀 보이지 않는다. 오히려 자신의 슬픔을 공개적으로 인정하고 자신을 연민으로 대함으로써 고통이라는 감정을 다룬다. 스토아적 자기 연민은 세 가지 측면을 포함한다.

1. 자신의 고통을 인정한다.
2. 모든 사람이 힘든 시기를 겪는다는 사실을 기억한다.
3. 자신을 자애롭게 대하고 사랑으로 돌본다.

고통을 받아들이자

"유능한 사람에게 적합한 것은 무엇인가? 운명에 직면하는 것이다."

세네카는 이렇게 쓴 바 있다. 외로움이나 슬픔, 수치심, 절망, 혼자라는 두려움 같은 감정을 억누르거나 숨기는 것은 의미가 없다. 그 감정들은 어떻게든 우리에게 따라붙기 마련이다. 우리의 운명과 불행을 받아들이라는 스토아 철학자의 말은 바로 그런 의미에서다. '슬픔을 배반하는 것보다 극복하는 것이 낫다'고 세네카는 자신의 어머니에게 보내는 위로의 편지에 썼다. 자기 연민은 고통스러운 감정과 경험을 인정하는 일에서 시작된다.

자기 최적화와 전 세계가 네트워크로 연결된 시대에 부정적인 감정은 금기 사항이 되고 있다. 특히 외로움에 대한 감정이 그러한데 이는 우리가 현대 삶의 요구에 따르지 못한다는 확실한 실패의 신호로 받아들여지기 때문이다. 그런데 우리의 문제는 외로움이 아니라 철학자 오도 마쿼드가 말한 것처럼 '혼자 있을 수 있는 능력의 상실'이다. 외로움을 다루는 가장 좋은 방법은 다른 고통스러운 경험이나 감정과 마찬가지로 외로움을 인정하고 자신을 연민으로 대하며 관찰하는 것이다. 그럴 때 외로움은 긍정적인 고독으로 바뀔 수 있다.

누구나 힘든 시기를 겪는다

세네카는 내부로 침잠하는 대신 유배지에서 다른 전략을 구사했다. 어머니에게 쓴 편지에서 세네카는 말했다.

"이 섬 자체가 사람들을 많이 변화시킵니다."

편지에서 그는 모든 사람이 나름의 힘든 시기를 겪고 있으며, 이전에도 수많은 사람이 고향을 떠나 살아야 했다는 사실을 스스로에게 상기시켰다.

상실은 삶의 일부다. 질병과 노년, 실패도 마찬가지다. 이런 관점에서 우리는 자신의 운명만을 바라보는 대신 모든 인류와 연결될 수 있다.

스토아학파만큼 우리 삶의 무상함과 연약함을 전면에 내세운 고대 철학 유파는 어디에도 없었다. 하지만 그 안에는 긍정성이 있다. 무상함이란 또한 모든 것이 변화하는 것을 의미하기 때문이다. 우리는 오로지 고통스러운 경험과 변화만 겪는 것이 아니다. 오히려 그런 경험을 다른 모든 사람과 공유하는 것이 중요하다. 삶의 유한함과 고통은 모든 인간에게 영향을 미치기 때문이다.

나에 대한 자애와 애정 어린 마음

유배 중에 세네카는 수많은 슬픔에 직면했다. 하지만 그는 슬픔을 억압하거나 슬픔에 짓눌리기보다는 자신의 비통한 삶을 적극적으로 이용해 자신을 위로했다. 세네카는 이렇게 썼다.

"징징거리지 말고 울어라."

눈물은 동정심을 유발하거나 통곡으로 이어지지 않는 한 건강에 유익하다.

슬픔을 치유함으로써 우리는 자신을 위로하고 이해하며 연민할 뿐 아니라 우리의 고통을 덜어줄 수 있는 새로운 관점과 행동의 범위를 만들기도 한다. 세네카는 불의에 화를 내고 불행을 한탄하는 대신 코르시카에서 자신의 열정을 추구했다. 즉 철학적인 글을 쓰고 스토아 철학의 원칙에 따라 살려고 노력했다. 그런 의미에서 자신을 연민으로 대하는 것은 스스로를 사랑으로 돌보는 것을 의미한다.

세네카에게 있어 가장 중요한 원칙 중 하나는 스스로를 대할 수 있는 힘을 기르는 것이다. 세네카의 말대로라면 '자신에게 만족하고 자신의 처지를 만족스럽게 바라보는 사람'만이 어려운 상황 속에서 침착하게 대처할 수 있다. 고통스러운 경험을 위한 최고의 예방법은 스스로를 위하고 자기 안에서 긍정적인 요소들을 보는 것이다.

스스로를 위하는 것은 누군가에게 도움을 청하는 것을 의미할 수도 있다. 마르쿠스 아우렐리우스는 말했다.

"도움이 필요하다면 부끄러워하지 마라. 전장에서 병사가 성벽을 공격해야 하듯이 그대에게도 반드시 완수해야 할 임무가 있다. 만약 그대가 부상을 입은 상태라면 요새를 습격하기 위해 도움을 청하는 것이 당연한 일 아니겠는가."

도움을 받는 것은 우리가 자신을 친절하고 자애롭게 바라본다는 믿음직한 신호이기도 하다. 우리는 때로 자신을 스스로 도우며 외부의 도움을 편하게 받아들일 수 있어야 한다. 이 통찰력은 고독을 잘 견디고 즐길 수 있게 해준다.

나약해도 괜찮아

가수 모비는 어린 시절 처음으로 자신의 나약함을 경험하고 받아들였던 소중한 경험을 인터뷰에서 털어놓았다.

"열두 살 때 나는 데이비드 보위의 카세트테이프를 사기 위해 골프장에서 일을 했어요. 그가 부른 〈히어로즈Heroes〉를 처음 듣는 순간 세상이 완전히 달라진 것처럼 느껴졌어요. 노래는 너무나 연약하면서도 부드럽고 어쩐지 가슴이 무너질 것 같았지요. 〈히어로즈〉를 듣고 나서 분명히 느꼈어요. 나약하다고 느껴도 괜찮다고요."

이 '괜찮아'의 철학은 스토아 철학의 처음과 끝을 관통하는 것이다.

자기 연민 훈련

자기 안에서 일어나는 일에 대해 자애로운 이해로 응답해 보라. 고통을 허용하고 적극적으로 슬퍼함으로써 여러 가지 감정이나 스트레스가 되는 경험들을 한결 쉽게 견딜 수 있게 된다. 스스로를 평가하고 자신의 삶을 훨씬 더 어렵게 만드는 대신, 우리는 자신에게 물어야 한다. 나는 어떻게 나 자신을 도울 수 있는가? 책임지고 고통을 덜기 위해 내가 해야 할 일은 무엇인가?

오늘의 스토아인을 위한 1분 철학

혼자 있기를 즐겨보자

혼자 있을 수 있는 장소와 순간을 계속 찾아보라. 자연 속에서도, 별이 빛나는 밤하늘 아래나 차 안에서도, 음악이 있든 없든 사람들이 많은 카페 안에서도 가능하다. 혼자 보내는 시간들을 가능한 한 편안하게 만들어보라.
혼자 있는 시간에는 자연스럽게 자신을 위한 뭔가를 할 수 있다. 가령 밤에 잠이 깬다면 일부러 몸을 일으켜 자신을 위해 차를 한잔 만들어보라. 달빛을 즐기거나, 밤의 적막함에 귀 기울이거나, 좋아하는 음악을 들어도 된다.

눈을 뜨고 세상을 향해

"시간이 흐를수록 우리의 영혼은 생각의 빛깔로
물들어간다." — 마르쿠스 아우렐리우스

파리로 첫 세미나를 갔는데 마침 세미나를 하기로 한 대학의 문이 닫혀 있었다. 파리에서 흔히 볼 수 있는 일처럼 대학도 파업 중이었다. 하지만 우연히 나는 뒷문으로 소르본 대학 안으로 들어갈 수 있었다. 복도에는 사람이 몇 명밖에 없어서 오래된 벽의 고요함을 즐겼다. 복도와 안뜰도 텅 비어 있었다. 그날 세미나가 열릴 강의실을 들여다보았다. 놀랍게도 한 남자가 그곳에 앉아서 나를 호기심 어린 눈초리로 바라보고 있었다. 내가 독일에서 온 학생이라고 말하자 그는 나에게 들어오라고 말하며 물을 한잔 대접했다. 그의 사무실은 오래된 안뜰이 내려다보이는 비뚤어진 모양의 공간이었다. 알고 보니 그는 세미나를 이끄는 책임자였고 18세기 문학에 조예가 깊은 학자였다.

그 뒤로는 놀랄 만한 프랑스의 환대가 이어졌다. 나는 파리의 건축과 도시 역사에 대한 너무나 탁월한 소개를 들을 수 있었다. 한 시간 반이 조금 넘는 시간 동안 그는 내가 몇 주 동안 책에서 읽은 것보다 더 많은 내용을 나에게 들려주었다. 내가 머물던 지역의 다양한 거리에 얽힌 수 세기 동안의 사연을 자신의 머릿속에서 꺼내어 나에게 전해주었다. 그는 어떤 거리는 18세기 혹은 17세기에 형성되었으며, 다른 대부분의 거리는 19세기에 형성되었는데 그것을 어떻게 알아볼 수 있는지도 설명해주었다.

11구에 있던 나의 숙소는 그 지역에서 가장 오래된 거리에서 불과 5분 거리에 있었다. 좁은 골목과 골목에 깔린 편석의 종류로 쉽게 알아볼 수 있었다. 그 거리의 뒤로 펼쳐진 뒷마당은 19세기에 수많은 장인과 예술가가 거주한 공간이었다. 나는 또한 파리에서 가장 크고 아름다운 시장 중 하나가 인접한 12구에 있다는 사실도 알게 되었다. 알리그레 시장이라 불리는 이 전통 시장의 건축은 18세기로 거슬러 올라간다. 이곳은 여전히 다채로운 물건과 비교적 저렴한 가격으로 유명하다.

아는 것과 모르는 것에 따른 우리의 기분

대학을 나와 숙소가 있는 동네로 돌아올 때는 어떤 것도 예전과 같지 않았다. 거리와 집, 건물의 안뜰과 광장 등 모든 것을 나는 달라진 눈으로 바라볼 수 있었다. 내 기분도 완전히 달라졌다. 예전에는 가는 곳마다 외로움을 느꼈다면 이제는 관심사가 내 주변으로 완전히 집중되었다. 그 후 몇 주 동안 나는 그날 그 교수님이 내게 말해준 모든 것을 호기심 어린 시선으로 바라볼 수 있었다.

마르쿠스 아우렐리우스는《명상록》에서 "시간이 흐를수록 우리의 영혼은 생각의 빛깔로 물들어간다"라고 말했다. 우리의 지식은 또한 우리가 주변을 어떻게 바라보고 느끼는지에 영향을 미친다. 이런 깨달음은 내가 그와의 대화를 마치고 나오면서 얻은 것이다. 우리의 생각과 기대는 세상에 대한 우리의 인식뿐 아니라 심지어 우리의 기분까지도 바꿀 수 있다. 새로운 관점으로 인해 나는 외로움을 덜 느꼈고, 더 개방적으로 변했으며, 내 주변 환경에 더 큰 호기심을 느꼈다. 내 고독의 질이 근본적으로 향상되었다.

파리 증후군 혹은 기대의 힘

매년 수백만 명의 관광객들이 세계적으로 사랑의 도시라고 불리는 파리로 몰려든다. 그곳에 온 많은 사람은 파리가 아름답고 흥미로운 점만 있는 도시가 아니라는 사실을 알고 놀라움을 감추지 못한다. 더러운 골목들이 많고, 이상한 냄새에 익숙해져야 하고, 사람들이 사는 곳은 대개 너무 비좁거나 비싸며, 여름에는 끔찍하게 덥고, 사람들과의 만남도 그다지 친근하거나 유쾌하지 않다.

2004년 정신과 의사 오타 히로아키는 파리로 여행을 온 일본인 관광객들이 파리에 도착하고 나서 정신적 충격을 경험한다는 사실을 발견했다. 많은 관광객이 근사한 유럽 여행을 위해 오랫동안 경비를 모으며 커다란 기대를 쌓아올린다. 일본에서 파리는 화려한 삶, 예의 바른 시민들, 깨끗한 거리, 역사적인 건축물과 예술 등으로 온갖 우아함과 낭만과 섬세함의 상징 그 자체로 여겨진다. 하지만 막상 동경하던 도시에 도착하고 나서 사람들은 실제 모습이 결코 상상과 같지 않음을 금방 깨닫게 된다. 그리하여 사람들의 마음속에 갈등과 환멸이 자리 잡는다. 이 현상은 특히 일본인들 사이에서 '파리 증후군'으로 잘 알려져 있다. 어긋난 기대로 인한 실망과 서운함이 불가피하게 솟아오르는 증세다. 파리 증후군을 앓는 일부 여행객들은 극심한 불안과 우울증으로 정신과의 도움을 받을 정도로 커다란 환멸을 느낀다고 한다.

홀로 어슬렁거리기

프랑스의 수학자이자 물리학자, 철학자인 블레즈 파스칼은 "모든 인간의 불행은 방 안에 가만히 머물 수 없다는 사실에서 비롯된다"라고 말한 적이 있다. 물론 그의 말은 우리가 모두 집에서 조용히 앉아 있기만 해야 한다는 뜻은 아니다. 오히려 혼자 있는 것을 어려워하는 사람이 그만큼 많다는 의미다. 이 책에서 거듭 확인한 것처럼 혼자 있는 것에는 긍정적인 측면이 많다. 혼자 여행할 기회가 있다면 홀로서기 기술을 연습해보는 것도 괜찮다. 그러면 더 만족스럽고 자신감 있고 즐거운 모습으로 돌아올 것이다.

혼자 여행하는 것을 싫어하거나 카페나 방에 혼자 앉아 있기 싫다면 산책을 추천한다. 산책과 걷기, 어슬렁거리기는 집에서든, 동네 한 바퀴든, 공원에서든, 다른 야외에서든 모두 괜찮다. 가만히 앉아서 자신의 내부에서 충동이 일렁이기를 기다릴 필요도 없다. 그냥 일어나서 모르는 길을 향해 걸어보고 예전에는 한 번도 눈길을 주지 않은 것들에 마음을 기울여보라. 이를 통해 자신의 관심사와 욕구를 느끼고 긴장을 풀고 주의력을 기를 수 있다. 우리는 완벽하게 혼자이지만 그럼에도 세상과 연결되어 있다.

오늘의 스토아인을 위한 1분 철학

홀로 있다는 것

- 나를 더 잘 알아가기: 혼자일 때 나를 더 깊이 파고들 기회와 나의 생각과 감정, 충동을 관찰할 기회를 얻는다. 이를 통해 나와의 관계를 강화하고, 나의 고유성을 발견하며, 나의 내면의 모순을 더 잘 견딜 수 있다. 이는 또한 자신감도 높여준다.
- 독립하기: 스토아 철학자들에게 홀로서기란 나의 존재와 가치를 옹호하고 다른 사람들의 판단에 휘둘리지 않으며 가능한 한 독립적으로 사는 것을 의미한다. 나 자신을 들여다보면서 신념을 발전시키고 공고하게 할 수 있다.
- 나에게 연민을 느끼기: 나를 성찰하는 과정에서 알게 된 모든 모습이 좋을 수는 없다. 부정적인 감정이 생겨날 때 그 감정을 허용하고 나를 친절과 연민으로 대해야 한다.
- 기대를 개방성으로 바꾸기: 우리는 홀로 있는 것의 긍정적인 측면을 종종 잊어버린다. 우리가 미래나 어떤 공간 혹은 자기 자신에 대해 특정한 기대를 하고 있기 때문이다. 그 과정에서 오히려 실체를 보지 못하는 경우가 많다. 하지만 시선을 안으로 돌리고 보다 열린 눈으로 세상을 볼 때 나와 더 깊은 관계를 맺을 수 있다.

7장

우정의 힘

어떻게 타인과 연결될 수 있을까?

"아무래도 진실하고 친밀한 우정만큼 마음을 기쁘게 하는 것은 없다."

— 세네카

좋은 관계와 행복, 그리고 건강

"사람은 서로를 위해 태어난다."

— 마르쿠스 아우렐리우스

분명 심리학 역사상 가장 긴 행복 연구로 기록될 것이다. 1938년부터 하버드 대학의 한 연구자 집단은 이 질문에 대해 연구해왔다. 무엇이 우리를 진정 행복하게 하는가? 이들은 수십 년에 걸쳐서 700여 명 이상으로 이루어진 피실험자들의 삶을 추적했는데 이를 그랜트 연구Grant Study라고 불렀다. 연구원들은 참가자들의 삶의 궤적을 따라가며 그들의 성공 혹은 불행을 기록했고, 참가자들의 혈액을 검사하고 뇌 구조를 스캔했다. 풍부하고 복잡한 자료가 수집되었지만 한 가지 중요한 결론이 매우 빠르게 도출되었다. 인간관계만큼 우리의 개인적, 정서적 행복에 필수적인 것은 없다는 사실이었다.

미국의 정신과 의사이자 하버드 교수인 로버트 월딩거는 연구 결과를 한 줄로 요약했다.

"좋은 관계는 우리를 더 행복하고 건강하게 한다."

우리와 연결된 사람들의 숫자는 상관없다. 중요한 것은 관계의 질이다. 700명이 넘는 참가자들의 진술과 그들에 관한 연구 결과를 통해 이 사실을 확신할 수 있었다. 돈이나 신체적 건강은 우리를 만족시키고 행복하게 해주지 않는다. 우리를 행복하게 하는 것은 좋은 관계와 우정, 사랑이다. 이런 의미에서 다른 사람들과 연결되어 있으면 우리는 외로움을 덜 느끼고, 좀 더 행복하다고 느끼며, 더 건강하고 더 오래 살 수 있다. 간단히 말하자면 좋은 관계는 우리의 몸과 마음을 더 건강하게 한다.

월딩거를 비롯한 수많은 행복 연구자들과 신경과학자들, 그리고 우리 시대의 심리학자들은 아리스토텔레스와 스토아 철학자들이 오래전에 발견했던 것들을 다시금 확인시켜준다. 인간은 공동체에서 함께 살아가며 서로 의존하는 사회적 생물이다. 인간관계가 없다면 우리는 살아남을 수조차 없을 것이다.

우리에게 다른 사람이 필요한 이유

"나는 누구인가?"라는 질문은 유명한 심리치료사 에바 예기의 책 제목이기도 하다. 그 책의 부제는 "다른 사람들에게 물어봐!"이다. 이를 통해 에바 예기는 우리 자신의 정체성을 발전시키기 위해서는 다른 사람이 필요하다는 피할 수 없는 진실을 가르쳐준다.

이는 우리의 뇌에도 마찬가지로 적용될 수 있다. 다른 사람과의 접촉이 없다면 우리의 뇌는 발달하지 못한 채로 정체되고 시들어버린다. 다른 말로 하자면 만족스럽고 좋은 삶을 위해서는 타인과 친밀하게 교류하는 것이 필요하다. 만족스러운 관계는 우리 삶의 만족도를 낮추지 않으면서 신체적 고통을 견디는 데도 도움이 된다. 우리가 주변 사람들과 행복하고 안정된 관계 속에서 살아갈 때 신체적 고통이 정신에 미치는 영향은 그리 크지 않다. 반면에 자신이 맺고 있는 관계가 덜 만족스럽다면 심리적으로 영향을 받기 마련이므로 신체적 고통에 더 취약한 상태가 되기 쉽다.

연결이란 취약점을 공유하는 것

물론 모든 곳에서 모든 사람과 깊은 관계를 맺을 수는 없다. 무엇보다도 우리의 성격은 그것과는 너무 거리가 멀며 그럴 시간도 없다. "어떻게 지내세요?"라는 질문을 들으면 우리는 종종 우리가 실제로 어떻게 지내는지와 상관없는 일상적인 대답을 한다. 친구들과 함께라면 그보다는 훨씬 솔직하게 대답한다. 일상적인 가면을 버리고, 다양하고 때로는 양면적인 모습의 우리 자신을 보여줄 수 있다. 특히 일상 속에서 생활하는 것처럼, 끊임없이 자신의 감정을 걸러내거나 조절할 필요가 없다.

사회과학자 브레네 브라운은 수년간의 연구와 수천 명과의 많은 대화를 통해 우리 삶에서 성취감을 주는 매우 중요한 열쇠 중 하나가 취약성이라는 결론에 도달했다. 우리는 취약점을 약점이라 여기고 스스로를 그것으로부터 보호하려 애쓴다. 그래서 완벽한 역할 뒤로 자신의 취약점을 숨기며 다른 사람에게 강한 모습을 보이고자 한다. 하지만 취약점을 숨기려 하는 과정에서 자신의 발전 가능성을 오히려 박탈하는 경우가 많다. 실패와 추락을 두려워한 나머지 타인에게 자신을 숨기고 스스로를 고립시키는 것이다.

브레네 브라운은 자신의 두려움과 취약점을 타인과 공유하는 데서 진정한 힘과 연결이 비롯된다고 말한다. 자신의 취약점을 솔직하고 의식적으로 다루는 일에는 여러 가지 장점이 있다.

- 개인의 발전과 변화에 더 개방적이게 된다.
- 자신에게 더 가까워지며 진실해진다.
- 자신이 필요로 하는 것을 더 빠르고 정확하게 알아차린다.
- 다른 사람들에게 더 쉽게 마음을 열고 자신의 취약점을 드러내는 법을 배운다.
- 타인의 취약점을 이해하고 받아들이는 법을 배우게 된다.

이 모든 것이 우리의 관계를 심화시키고 발전시키는 길로 이어진다. 그리하여 우정과 좋은 관계는 인간을 위한 진정한 발전의 동력이 된다.

취약점을 공유하면 생기는 일

다른 사람들과 취약점을 공유하는 일의 가장 좋은 점은 아마도 공감의 기회를 준다는 점일 것이다. 세상에는 완벽한 사람이란 없으며 우리 또한 모든 상황에 완벽하게 대처하고 통제하려는 사람과는 친구가 되고 싶지 않기 때문이다. 인간관계에서 자신의 특정한 이미지를 유지하기 위해 고군분투하는 것만큼 피곤한 일은 없을 것이다. 역설적이게도 우리를 매력적이고 호감 가는 사람으로 만드는 것은 우리의 장점뿐 아니라 오히려 우리의 단점 혹은 취약점을 다루는 방식이기도 하다.

그러니 다른 사람을 더욱 잘 이해하고 자신이 그들과 얼마나 잘 어울리는지 알고 싶다면 자신의 취약점을 적극적으로 이용해보라. 취약점을 상대방에게 솔직하게 내보이는 순간 자신과 상대방이 서로 잘 어울리는 사람인지 금세 깨닫게 된다. 물론 좋은 관계를 형성하는 것은 시간이 걸리므로 타인을 지나치게 빨리 판단해서는 안 된다. 어쩌면 처음에는 강하고 위압적으로 보이던 사람도 알고 보면 깊은 인연을 이어갈 수 있는 성격의 소유자일 수 있다. 당신의 상대방 또한 당신의 개방성으로 인해 함께 성장할 수 있다.

오늘의 스토아인을 위한 1분 철학

잡담을 하는 대신 서로의 취약점을 살펴주기

좀 더 깊은 관계를 만들어가고 싶은 친구나 지인이 있는가? 이제 막 알게 된 사람과 관계 훈련을 해보는 것도 괜찮다. 다음에 그 사람과 만난다면 당신의 취약점을 보여주는 뭔가를 공유해보라. 가령 당신의 실패나 깨진 관계, 실수, 숨기고 있던 불편한 감정 같은 것 말이다. 이런 방식으로 상대방을 좀 더 깊은 대화 속으로 초대하고 그 사람의 마음을 열 수 있다. 자신을 취약하게 하는 무언가를 두 사람이 서로 공유하면 교류가 활발하게 이루어질 수 있기 때문이다. 이렇게 사소한 잡담은 뒤로하고 서로의 인연을 깊게 만들어가보라.

우정이라는 마음의 집

> "당신을 위하는 친구의 마음은 얼마나 보배인가. 위험을 느끼지 않고 그에게 모든 비밀을 맡길 수 있고, 그가 당신에 대해 알고 있는 것 때문에 두려워할 필요가 없으며, 그의 말은 당신의 슬픔을 덜어주고, 그의 충고는 당신의 계획을 촉진하며, 그의 쾌활함은 당신의 우울을 쫓아내고, 그를 보는 것만으로도 당신은 힘을 낼 수 있다." — 세네카

플라톤, 아리스토텔레스, 에피쿠로스, 키케로, 세네카…. 이들의 공통점은 우정을 우리 삶의 가장 중요한 자원으로 여겼다는 점이다. 고대 적부터 우정을 찬양하는 수많은 송가가 있었다. 에피쿠로스는 심지어 우정의 가치를 철학의 가치보다 위에 놓았다.

"고귀한 사람은 주로 철학과 우정에 관심을 기울인다. 전자는 사라질 수 있는 미덕이며 후자는 불멸의 미덕이다."

실제로 에피쿠로스의 정원에서는 사람들 사이의 우정이 공생의 가장 첫 번째이자 중요한 규칙이다. 우정에 대한 이 후한 평가는 여전히 유효한 것 같다. 스토아인들이 외친 우정의 불멸성에 대한 송가는 오늘날에도 여전히 울려 퍼지고 있으니 말이다.

"사랑은 왔다 가지만 우정은 지속된다."

세네카가 친구 루실리우스에게 보낸 편지에서 행복한 삶을

되새기며 쓴 글은 세계적으로 유명하다. 이 서신은 그 자체로 세계 문학의 고전으로, 고대 로마의 일상생활에 대한 정보와 세부 사항을 담은 귀중한 보물창고라 할 수 있다. 하지만 무엇보다도 그 편지에는 스토아인들에게 좋은 우정이란 무엇인가가 잘 표현되어 있다. 정서적인 측면에서 우정은 마음을 느긋하게 해주고 자신을 보완해주며 삶의 균형을 잡도록 해준다.

우정을 돈독히 하기

돈독한 관계와 우정은 우리를 우리 자신으로부터 해방해주기 때문에 삶에서 매우 가치가 크다. 우정은 혼자 모든 것을 짊어져야 한다는 압박감에서 벗어나게 해주고 상호 교류를 통해 자신의 생각과 감정을 거리를 두고 볼 수 있게 한다. 그러므로 실재하는 인연은 삶에 활력을 주고 스스로 발전할 여지를 준다. 하지만 이를 위해서는 기쁨과 다른 긍정적인 감정뿐 아니라 슬픔이나 두려움과 같은 취약점을 기꺼이 나눌 수 있어야 한다. 우리가 관계에서 다양한 감정의 영역을 펼쳐 보일 수 있을 때 비로소 우리는 실재하는 한 사람으로 존재할 수 있다.

그러므로 자신의 연약함, 삶의 기쁨을 나누는 것은 우정을 키우는 데 있어서 훌륭한 시험대다. 상대방이 내가 보여주는 것을 받아들일 때 그 관계를 함께 돈독히 할 수 있으며 새로운 차원으로 끌어올릴 수 있다. 상대방이 나의 기쁨이나 슬픔에 조금도 반응하지 않는다면 이는 그 사람과 어느 정도 거리를 두라는 신호일 수 있다. 두 사람 모두 서로의 취약점과 기쁨을 기꺼이 나눌 준비가 되어 있다면 이는 서로를 받쳐주는 우정으로 발전할 수 있다.

안도감을 주는 것 외에도 진정한 우정의 두 번째 특징은 긍정적 보완성이다. 그것은 친구와의 관계에서 서로의 강점과 약점을 발견할 때 생겨난다. 이런 방식으로 우리는 서로에게서 배우고 함께 성장하고 발전할 수 있다.

우리는 모두 자신에 대한 오판으로 고통받는다. 이럴 때 우리를 잘 아는 친구는 언제 우리가 우리 자신을 과대평가 혹은 과소평가를 하는지 말해줄 수 있다. 상황이 의심스럽다면 애정 어린 태도로 알려줄 수 있다. 구체적으로 말하자면, 좋은 친구는 균형 잡힌 영향을 미친다. 불쾌하지 않게 실수를 지적하고, 자기 회의에 빠져 있을 때면 격려해준다. 물론 그 반대도 가능하다.

스토아적 관점에서 우정은 어느 정도의 냉철한 자기 인식과 정직한 의사소통, 보살핌을 필요로 한다. 또한 양방향이어야 한다. 이것이 우리가 서로 돕고 보완하고 균형을 맞출 수 있는 유일한 방법이다.

"제 아무리 좋은 세상이라도 우정 없이는 누구도 그 세상에서 살고 싶지 않을 것이다."

아리스토텔레스가 이렇게 말한 것도 그런 정서적 지지 요소 때문이다. 우정은 안정감과 에너지를 준다. 우리가 안전함을 느끼면서 성장할 수 있는 정서적 집과도 같다. 그러므로 우정은 좋은 삶을 위해 없어서는 안 되는 것이다. 우정은 보편적인 것으로 전 세계 모든 사람에게 공통된 요소이고 모든 문화권에서 찾아볼 수 있다. 전혀 놀라운 일이 아니다. 우정은 연결성과 소속감에 대한 우리의 욕구를 충족시키기 때문이다.

롤 모델과 칭찬

친구나 지인과의 모임에서 당신에게 가장 중요한 사람들을 살펴보라. 한 사람씩 당신이 좋아하는 점과 그들에게서 배울 수 있는 부분을 적어보라. 롤 모델로 삼을 만한 장점을 적어도 한 가지씩 나열해보라.

이 주제에 관해 이야기하고 싶은 세 사람을 골라보라. 그들에게 당신이 그들의 어떤 부분을 좋아하고 그 점을 얼마나 존경하는지 정확히 말해보라. 진지하고 의미 있는 칭찬으로써 우리는 타인과의 관계에 깊이를 더할 수 있으며 주변을 보다 긍정적인 기운으로 물들일 수 있다.

우리가 만드는 연결고리

스토아학파의 관점에서 볼 때 우정은 엄격한 의미에서 친구에 관한 관심을 넘어서는 것이다. 이들은 우정을 자신과의 친밀한 관계도 포함하며 온 인류에게 공통된 것으로 이해했다. 스토아 철학자인 히에로클레스는 이 개념을 설명하기 위해 원을 사용했다. 그는 모든 사람은 여러 개의 원에 속해 있다고 보았다. 가장 안쪽에 있는 원은 바로 자신이다. 또한 우리의 가족이나 친구, 지인, 시민, 동포로 이루어진 원이 있으며, 가장 바깥쪽 원에 속한 이들은 전 인류다.

이 세상 모든 사람에게 속해 있다는 소속감을 경험하기 위해 히에로클레스는 제자들에게 실용적인 조언을 했다. 길에서 만나는 낯선 사람들을 포함하여 생활하며 마주치는 모든 사람을 '자매'나 '형제'로 부를 것을 조언했다. 노인들은 '삼촌'이나 '이모'로 부를 수 있다. 히에로클레스와 스토아학파와 상관없이 다른 문화권에도 타인을 이런 호칭으로 부르는 관습이 있다.

그러므로 스토아인들은 세계시민이라는 개념을 믿는다. 이런 태도 뒤에는 오늘날에도 여전히 많은 사람에게 영감을 주고 감동을 주는 중요한 통찰이 있다. 우리는 모두 같은 배를 타고 있다는 생각이다. 스토아 철학에 따르면, 우리는 모두 감정과 의식을 가진 존재로서 같은 세상에 속해 있다. 마르쿠스 아우렐리우스가 말하는 보편적인 자비 사상도 이와 관련된 것이다.

"인간은 인간 고유의 일을 함으로써 기쁨을 얻는다. 그 고유한 특징 중에는 동족에게 보이는 호의가 있다."

이 인류의 이상을 가까이 들여다보기 위해 스토아 철학자들은 먼저 인간의 공통점에 관심을 기울였다. 이는 모든 인간에게서 볼 수 있는 전형성을 찾는 것과도 같다.

원숭이 연구를 통해 우리는 이들이 무엇보다 낯선 존재를 대할 때 친근감을 표시하는 것을 발견했다. 예를 들어, 인간과 매우 가까운 소형 침팬지인 보노보는 낯선 사람들에게 끌린다. 그런데 낯선 사람에 대한 개방성과 친근감으로부터 우리 인간은 이익을 얻기도 한다. 네트워크를 확장함으로써 우리는 잠재적 배우자나 언젠가 우리를 도울 수 있는 친구들을 얻을 수 있다. 또한 친절은 우리 안에서 긍정적인 감정과 다른 사람들을 돕는 일에서 오는 행복 비슷한 느낌을 만들어내기도 한다.

낯선 사람들에게 얼마나 친절하고 도움을 주고 개방적으로 대하는가에 대한 질문은 궁극적으로는 생존과 좋은 삶에 대한 질문이기도 하다. 따라서 히에로클레스와 스토아 철학자들이 이어지는 내용과 같은 명확한 조언을 하는 것은 우연이 아니다. 우리는 내부의 사람을 대하듯이 외부의 사람들을 친절하게 대해야 한다. 물론 이런 태도가 일상생활에서 항상 쉬운 것은 아니지만 스토아적 지혜는 적어도 진화론이나 행동생물학에 의해서도 증명되는 부분이 있다.

모든 사람 속에 깃든 아름다움을 보라

사람들이 많이 지나가는 곳에 가보라. 주위 사람들을 자세히 관찰하고 그들의 얼굴에 의식적으로 주의를 기울여보라. 그들의 모습에서 아름다움을 찾으려고 노력해보라. 당신의 개인적 취향과는 상관없다. 플라톤에 따르면 아름다움은 변하지 않는 것이며, 이 아름다움의 이상은 모든 사람에게서 찾아볼 수 있다. 모든 사람에게서 아름다움을 볼 수 있는 능력을 훈련한다면 모든 사람과 보다 견고한 관계를 만들어갈 수 있다. 스토아적 태도도 더욱 강화될 것이다.

팃포탯의 덫을 넘어서

"많은 이들이 누군가에게 호의를 베풀고 나서 금방
자신의 호의를 셈하느라 바쁘다."
— 마르쿠스 아우렐리우스

미국의 정치학자이자 수학자인 로버트 액설로드는 서로 다른 컴퓨터 프로그램을 비교하는 연구를 하다 놀라운 사실을 발견했다. 각 프로그램은 우승하기 위해 자체적으로 전략을 세우고 그것을 따랐다. 상대편에게 협조하는 전략을 취하는 프로그램이 있는가 하면, 부정행위를 하는 프로그램도 있었다. 즉 다른 프로그램에 대해 이타적이거나 이기적인 행동을 취한 사실을 발견한 것이다. 결과적으로는 '상대방이 내게 한 대로 해준다'고 할 수 있는 '팃포탯Tit for Tat' 전략이 우세했다. 프로그래밍되는 방식은 다음과 같았다. 첫 번째 단계에서는 프로그램이 서로 협력적이었고, 다음 단계에서는 한 프로그램이 다른 프로그램의 동작을 모방했다. 가령 상대 프로그램이 기꺼이 협력할 의향이 있다면, 이에 따라 팃포탯 전략이 가동되었다. 만약 상대 프로그램이 비협조적이거나 심지어 이기적으로 행동한다면, 반대편은 이에 따라 똑같이 응수했다.

흥미롭게도 이 전략은 이론이나 컴퓨터 시뮬레이션에서뿐 아니라 동물의 세계에서도 발견된다. '팃포탯' 전략은 또한 상호 연관성이 그리 크지 않은 동물들이 먹이를 공유하고 다른 종들과 협력하는 이유를 설명한다. 연구자들은 이를 상호적 행동 혹은 상호성이라고 한다. 예를 들어, 침팬지는 다른 침팬지와 먹이를 나눌 줄 안다. 다음번에는 그 침팬지가 자신과 먹이를 나눌 거라고 가정하기 때문에 가능한 행동이다.

협력과 상호성에 대한 열망

당신도 '상대방이 내게 한 대로 해준다'는 원칙에 매우 익숙할 것이다. 누군가를 초대할 때 다음에는 그 사람에게 초대받을 것이고, 반대의 경우도 마찬가지일 것이다. 누군가가 당신에게 호의를 베푼다면 다음 기회에는 당신이 그 사람에게 감사를 표할 것이다. 이는 우리 인간에 대해 많은 것을 말해준다. 하나는 모두가 근본적으로 협력을 좋아하지만, 한편으로는 그 누구도 혼자 바가지를 쓰거나 이용당하는 것을 좋아하지 않는다는 사실이다. '상대방이 내게 한 대로 해준다'는 원칙이 진화 과정에서 우리에게 깊이 각인된 이유다.

이는 공생의 두 가지 기본적인 경향을 따르는 우리 안의 자연스러운 반응과도 같다. 우리는 협력을 통해 타인을 위하기도 하지만, 타인이 자신만의 이익을 추구할 때 그것을 처벌하기도 한다. 힘을 합치려는 사람을 돕거나, 자신 혹은 타인을 이용하려는 사람을 배제하고 처벌함으로써 우리는 이를 이룰 수 있다. '팃포탯' 전략은 사실 세계 경제와 전 세계적 의사소통을 위한 핵심 엔진이다. 무엇보다도 친밀한 관계나 우정의 관계를 들여다본다면 우리에게 상호성이란 얼마나 중요한 본능인지를 알 수 있다. 대부분의 인간관계에는 협력과 상호성에 대한 욕구가 깃들어 있는데 이는 우정이 상호적일 수밖에 없다는 것을 보여준다.

깊고 진실된 관계를 방해하는 것

상호성에 대한 우리의 열망은 잘못된 것이 없다. 사실 이것이야말로 타인과 나누는 우정과 공감, 친절과 관심의 전제 조건일 것이다. 그런데 역설적이게도 협력과 상호성에 대한 우리의 열망이 때때로 깊고 진실된 관계를 방해하기도 한다.

자연스럽게 서로 주고받는 관계가 우정이라는 것을 잊고 파괴적인 팃포탯 태도에만 집착할 때 문제는 발생한다. 예를 들어 의도적이든 그렇지 않든 상대방을 모욕하는 경우가 그렇다. 또 오랫동안 상대방에게 연락하지 않는 경우도 마찬가지다. 그렇게 되면 개인적 이익을 위한 무한한 경쟁 속에서 주판알을 굴리며 자신과 관계를 망치게 된다.

게다가 친구와의 관계에서 속임수와 갈등, 경쟁과 불이익,

질투의 감정이 팽배할 때, 현실적이고 깊이 있는 관계는 좀처럼 실현되기 어렵다. 상호 협력은 처벌과 분노, 무시당한 느낌의 소용돌이로 변질되기 쉽다. 그리하여 점점 의심이 많아지고 상처받은 자아가 의사 결정권을 장악한다. "나의 모든 친절함이 나약함으로 받아들여진다all of my kindness is taken for weakness"는 리아나와 폴 매카트니, 카니예 웨스트가 부른 유행가의 한 소절이다. 이런 감정이 지배한다면 우정은 끝장나고 오로지 대립만이 남을 뿐이다.

베풂의 연결 고리를 이해하기

진실한 관계는 셈하고 비교하며 따지려는 우리의 성향을 극복할 것을 요구한다. 따지고 계산하는 습성은 진화적 반사와 생물학적 본능을 따르는 것으로 좋은 관계를 만들어가는 것을 방해한다는 점을 깨달아야 한다. 주고받기의 균형을 지나치게 신경쓰다 보면 상대방을 자신의 기대치에 맞추어 대하기 마련이므로 깊이 있고 진정한 관계를 맺기가 어렵기 때문이다. 팃포탯 원칙은 누군가에게 친절을 베풀고 같은 사람에게서 고스란히 되받고 싶은 우리 안의 기대를 충족시킨다.

타인에게 베풀고 지원하면서 얻는 정서적 이득에 초점을 맞추는 대신 우리는 비슷한 것을 기대하고 비교하느라 분주하다. 마르쿠스 아우렐리우스는 '상대방이 내게 한 대로 해준다'는 원칙의 부정적 효과를 다음과 같이 묘사했다.

"다른 사람에게 봉사를 한 사람 중 많은 이들이 즉시 보상을 받고자 한다. 또 어떤 사람은 좋은 일을 베푼 대상을 빚쟁이로 여기고 자신이 해준 만큼 그대로 돌려받지 않으면 더는 선의를 베풀지 않으려 한다."

하지만 살다 보면 우리에게 지원을 베풀면서도 똑같이 받기를 요구하거나 기대하지 않는 사람 혹은 상황을 만날 수 있다. 사랑과 상호 지원의 주기가 항상 선형적이거나 대칭적인 것만은 아니다. 오히려 우리 삶이 베푸는 것과 되돌려 받는 것이 일대일의 균형으로 이루어지지 않는 복잡한 연민의 그물망 속에 속해 있다는 것을 살면서 우리는 거듭 알게 된다. 게임에서 이기거나 먹이를 확보하는 수준 이상의 삶을 누리고 싶다면 컴퓨터 게임의 계산이나 침팬지의 셈법을 뛰어넘어야 하며 팃포탯 원칙을 넘어서 전진해야 한다. 타인과의 진실하고 깊은 관계는 그럴 때 비로소 가능하다.

타인의 신뢰할 만한 자질

지금 당장 당신에게 중요한 다섯 사람을 생각해보라. 각자에게서 하나 이상의 신뢰할 만한 자질을 떠올려보라. 구체적인 재능이 있는가, 아니면 성격이 좋은가? 묵묵한 성격인가, 아니면 배려심이 많은가? 믿을 만한 다섯 사람과 당신을 연결하는 것은 무엇인가? 당신의 관계에 깃든 신뢰할 만한 자질에 대해 두 번째 목록을 만들어보라. 이를 바탕으로 당신이 편안함을 느끼고 사람을 신뢰하기 위해 어떤 조건이 필요할지 이해해보라. 미래에는 진실되고 깊이 있는 인연을 위한 신뢰할 만한 자질이 무엇일지 더 많은 관심을 기울여보라.

진정한 우정의 목적

스토아인들에게 우정은 그 자체가 목적은 아니다. 좋은 관계란 단지 함께 시간을 보내는 것 이상이다. 스토아 철학에서 우정이란 좋은 삶에 꼭 필요한 것이다. 마르쿠스 아우렐리우스는 이렇게 말했다.

"뿌듯한 마음을 갖고 싶다면 주위에 있는 사람들의 에너지와 겸손, 관대함과 같은 미덕을 생각해보라."

스토아 철학자라면 자기 인식, 용기, 신중함, 지혜, 정의가 없는 우정은 상상할 수 없다. 우정 속에서 우리는 성장하고 긍정적인 품성을 더욱 발전시키며 함께 더 나은 삶을 일구어 나갈 수 있다.

그러므로 우정은 개인의 발전, 더 나은 사람, 더 솔직하고 행복한 사람이 되기 위한 요소다. 좋은 친구와의 관계 속에서 우리는 단순한 효용, 이익, 경쟁을 넘어서는 순간을 경험한다. 이는 자기 계발이 아닌 있는 그대로 존재할 수 있도록 해준다. 우정 속에서 우리는 스토아 철학자들이 중요하고 바람직하게 여긴 모든 것을 보살피고 잘 키울 수 있다. 한 사람에 대한 인정과 친절, 평온함과 수용성, 자기 인식과 적극적인 경청, 동정, 위로, 건설적인 비판과 긍정적인 지지…. 마르쿠스 아우렐리우스에 따르면, 우리가 우정에서 이룰 수 있는 가장 위대한 부분은 "말하자면 머리를 굴리지 않으면서 선한 일을 하는 사람들과 함께한다는 느낌"이다.

오늘의 스토아인을 위한 1분 철학

우정에 대하여

- 관계에는 감정적 깊이가 필요하다. 아무리 많은 사람과 친구가 되더라도 결국 중요한 것은 질이다. 좋은 관계에는 편안하고 진실된 감정이 깃들어 있다. 무엇보다 당신의 취약점을 보여줘라. 이는 당신을 호감 가는 사람으로 만들어줄 뿐 아니라 상대방에게 진실로 관심이 있다는 증거이기도 하다.
- 좋은 관계는 차이점 위로 피어난다. 자신과 다른 사람의 차이를 받아들일 때 비로소 성공적인 관계가 가능하다. 또한 우리는 친구의 장점으로부터 이로움을 얻을 수 있다. 친구는 우리가 무엇인가를 배울 수 있는 롤 모델이기도 하다.
- 우리는 좋은 관계를 통해 성장한다. 우정은 좋은 면을 강화하고 어두운 면을 잘 깨닫게 하는 훈련 캠프와도 같다. 그리하여 우리의 자기 인식과 발전을 도와준다.
- 동등한 관계가 반드시 동등한 보상을 전제로 하지는 않는다. 우리가 어떤 것을 선물로 받았다고 해서 반드시 호의에 보답할 필요는 없다. 이는 역으로 우리가 어떤 것을 줄 때 그 대가로 무언가를 기대할 필요가 없다는 말이기도 하다. 좋은 관계란 서로 셈하며 균형을 맞추려는 마음을 자제하는 가운데 성장한다.

8장 사랑의 힘

어떻게 오래 충실한 관계를 이어갈까?

"헤카톤은 말했다. '마약이나 허브, 특별한 마법 없이 만들어진 사랑의 묘약을 알려주겠다. 사랑받고 싶다면 사랑을 줘라.'"

— 세네카

사랑하는 법을 배우는 일은 평생의 과제

"운명이 묶어놓은 것에 적응하라. 그리고 운명이
그대에게 데려온 사람들도 진심을 다해 사랑하라."
— 마르쿠스 아우렐리우스

사랑이 우리 삶에서 가장 크고 흥미로운 도전 중 하나라는 사실에는 의심의 여지가 없다. 이는 우리 삶에서 많은 부분들이 우리의 통제 밖에 있기 때문이며, 특히 연애나 배우자와의 관계에서 이것은 너무나 명백하고 고통스러운 사실이다. 우리는 누구를 사랑하게 될지 선택할 수도 없고, 함께하는 배우자와 영원히 행복하게 지낼 수 있을지 알지 못한다. 배우자가 당신보다 먼저 세상을 떠날 수도 있고, 당신이 먼저 병에 걸려 배우자를 홀로 남기고 떠날 수 있다. 아니면 배우자가 당신이 싫어서 떠나거나, 당신이 관계를 끝내고 싶을 수도 있다. 배우자를 선택하는 것은 우리 삶에서 가장 중요한 결정 이상의 의미를 지닌다. 견고한 애정 관계 속에서 우리는 예측할 수 없는 세상에서의 발전과 가능성을 볼 수 있다.

게다가 나이와 삶의 단계에 상관없이 친밀한 관계는 우리에게 많은 도전 과제를 남긴다. 이는 성별이나 성격, 성적 지향과는 상관없이 사실상 모든 커플과 파트너 관계에 적용되는 자연의 법칙과도 같다. 심리적인 관점에서 볼 때 동성애자 커플이나 퀴어 커플, 이성애자 커플 할 것 없이 모든 커플은 나름의 관계에서 오는 어려움과 문제를 겪는다. 그리고 모든 이들이 같은 실수를 반복한다.

우리는 사랑을 확실한 엔딩으로 여긴다

관계에 대해 우리가 가장 흔하게 하는 오해 중 하나는 행복하고 안정된 관계를 당연하다고 여기는 것이다. 다시 말하자면 우리는 사랑이 확실한 해피엔딩을 가져다줄 것이라고 믿는다. 이 같은 태도는 이혼이나 별거가 항상 남의 일이라고 생각하는 우리의 믿음과도 밀접한 관계가 있다. 대부분의 사람들은 자신이 결혼을 할 때는 이혼할 가능성을 0에서 8퍼센트 정도로 추정한다. 서구 산업국가에서 평균 이혼율이 거의 절반에 달한다는 현실을 볼 때 이는 낭만적인 자기기만이 아닐 수 없다.

우리의 자기기만은 낭만성에 대한 지나친 믿음과도 밀접한 관련이 있다. 우리는 사랑을 위해서는 큰 노력이 필요 없다고 생각하고 직관의 힘으로 옳은 방향으로 나아갈 수 있다고 믿는다. 모두 한 가지 모토를 따른다.

"그저 나에게 맞는 사람을 찾기만 하라. 그러면 모든 것은 저절로 해결될 것이다."

원하는 방식으로 관계의 기술을 발전시키는 대신에 우리는 강한 감정만으로 서로를 연결할 수 있을 것이라 믿는다. 이는 또 다른 망상으로 이어지는데, 바로 두 사람이 처음부터 커플이 되기에 적합해야 한다는 믿음이다. 두 사람이 어울리느냐는 사랑의 조건이 아니다. 오히려 그것은 관계를 협상하고 거듭 관계를 이어 나가는 과정에 속한다. 그리하여 서로 잘 맞는다는 것은 애정 관계의 결과에 가깝다.

누구나 친밀감을 추구한다

모든 사람은 특정한 관계와 애착 패턴을 내면화한다. 이는 우리가 특정한 방식으로 살아온 것을 의미한다. 어린 시절에 우리 모두는 안정감과 신뢰, 사랑뿐 아니라 거부와 실망도 함께 경험했다. 직관적으로 대다수 사람은 어린 시절의 개인적인 애착 경험을 반복하려는 경향이 있다. 자신에게 친숙하게 느껴지는 성향의 사람에게 매력을 느끼는 것은 드문 일이 아니다. 그리하여 파트너나 배우자는 바뀔 수 있지만 관계의 패턴은 자동적으로 바뀌지 않는다. 같은 갈등이 몇 번이고 반복되기도 하고, 특정 문제가 모든 관계에서 운명의 붉은 끈처럼 이어지는 경우도 종종 있다.

초기의 애착 경험을 반복하고자 하는 욕망은 과거의 익숙한 행복을 다시 느끼고 싶을 뿐 아니라 익숙한 방식으로 고통을 받고 싶어 한다는 것도 의미한다. 우리가 사랑에 빠지기 위해서는 두 가지가 맞아떨어져야 한다. 우리는 우리에게 고통과 즐거움을 주는 패턴을 가져다주는 파트너를 찾는다. 이 때문에 종종 사랑에 빠지는 느낌은 친숙한 느낌 속으로 빠져드는 것과 비슷하다. 물론 어떤 사람은 어린 시절 경험과는 정반대의 것을 찾기도 한다. 하지만 두 경우 모두 자신의 유대 경험과 학습된 관계 패턴을 유심히 살펴볼 필요가 있다.

어린 시절의 기억을 떠올려보기

먼저, 당신에게 가장 큰 영향을 준 부모님의 부정적인 성격에 대해 생각해보라. 당신을 가장 고통스럽게 했던 측면은 무엇인가? 그 같은 점들이 현재 혹은 이전의 파트너들에게서 보이는지 확인해보라. 다음에는 당신에게 가장 큰 영향을 준 부모님의 긍정적인 성격에 대해 생각해보고, 이를 당신의 배우자와의 관계에 비추어 생각해보라. 이런 식으로 당신이 무의식적으로 찾고 있던 것들을 의식적으로 확인할 수 있다.

지나친 낭만주의

우리는 완벽한 커플이란 두 사람이 거의 모든 것을 함께하고 공유하는 사이라고 생각하는 경향이 있다. 파트너가 소울메이트가 되어야 한다고 생각하는 것이다. 소울메이트에 대한 생각은 때로 너무 나아가서 서로가 서로를 직관적으로 이해하는 관계라 믿기도 한다. 이런 믿음은 내가 나를 설명하지 않아도 상대방이 나와 나의 모순된 감정을 오롯이 이해해야 한다는 기대를 하게 한다.

자신에게 완벽하게 어울리면서 조화로운 하나가 될 수 있는 완벽한 나머지 절반에 대한 갈망은 우리 문화에 깊이 뿌리를 두고 있다. 플라톤은 '구형인'이라는 개념으로 이를 설명한다. 태초에 이들은 네 개의 팔과 네 개의 다리를 가지고 있었다. 그런데 이들의 힘이 너무 강력해져서 신을 위협하자, 제우스가 이들을 둘로 나누었다. 그리하여 이들은 이제 서로를 찾아 헤매게 되었다. 인간의 강렬한 성욕은 이것으로 설명될 수 있었다.

18세기에는 낭만주의 시대와 함께 나머지 절반에 대한 그리움이 정서적 차원으로 옮겨갔다. 그리고 오늘날 두 사람이 사랑해서 함께 사는 것은 너무나 자명한 원칙이 되었다. 전형적인 낭만적 사고 패턴은 그 시대부터 우리 머릿속에서 발전되어온 것이다. 낭만적 사랑에 대한 가장 강력한 네 가지 기대 사항은 다음과 같다.

1. 나는 내 파트너를 직접 선택한다.
2. 내 파트너는 나를 직관적으로 이해한다.
3. 내 파트너는 나를 있는 그대로 받아들인다.
4. 파트너십을 통해 우리는 서로를 행복하게 해준다.

실망하지 않기 위한 최고의 예방법

앞에서 말한 네 가지 낭만적인 기대는 어느 것도 현실적이지 않다.

1. 우리는 배우자를 생각보다 자유롭게 선택하지 못한다. 과거의 기억이나 학습된 관계의 패턴이 여기서 중요한 역할을 하기 때문이다.
2. 처음 사랑에 빠졌을 때는 서로 말없이도 잘 이해하는 것처럼 보일지라도, 관계 속에서 우리는 언제나 자신을 설명해야 한다. 때로는 설명조차도 상대방을 이해하기에 부족하다.
3. 세상의 그 누구도 우리의 모든 것을 받아들일 수 없다.
4. 때때로 우리의 배우자가 우리를 불행하게 할 수 있다.

물론 이 반대도 다르지 않다. 나의 파트너 역시 나와 마찬가지로 과거의 경험에 영향을 받는다. 또 나와 마찬가지로 관계 속에서 오해받고 받아들여지지 않는다고 느낄 때가 있을 것이다. 결정적으로 그 사람도 나와 마찬가지로 우리의 관계가 행복보다는 불행을 더 많이 불러오는 것 같다고 생각할 때가 종종 있을 것이다. 하지만 두 사람이 모두 자신의 낭만적인 기대가 항상 충족되는 것은 아니라는 사실을 깨닫는다면 낙담과 실망이 덜할 것이다.

관계에 대한 낭만적 환상을 깨기

인생의 동반자만큼 우리가 많은 희망과 신뢰, 기대를 보내고 주의를 집중하는 사람은 없다. 그러므로 배우자라는 개념의 긍정적 측면과 장점은 당연히 실제보다 더 크고 중요하게 여겨진다. 심리학자는 이것을 '초점 착시'라 부른다. 이를 통해 우리는 낭만적 관점과 '나는 내 삶의 최고의 순간을 이 사람과 같이 보낼 거야'라는 내면의 소망을 키우고 소중히 간직한다. 하지만 살다 보면 당신은 파트너와 함께 괴로운 순간을 맞이할 가능성이 크다. 그러므로 자신에게 이렇게 말해보라.

"이 사람과 함께라면 나는 최악의 갈등과 상처, 위기를 함께 헤쳐 나갈 수 있을 것 같아."

불확실성을 통한 발전의 기회

사랑을 하려면 어느 정도 불확실성을 안고 살아가는 법을 배워야 한다. 따라서 사랑은 자신이 소중하고 당연하게 여기던 관념을 포기하는 것을 의미하기도 한다. 모든 감정적 연결의 마법과 힘은 불확실성에 맞서는 용기와 자신을 능가하려는 의지에 있다.

에픽테토스의 말은 사랑에 대한 우리의 지나치게 높은 기대를 대하는 스토아인의 현실적 태도를 보여준다.

"벌어지는 모든 일 속에서 자신의 말에 귀를 기울이고 자신에게 어떤 능력이 있는지를 자문해보라. 아름다운 남자나 여자를 볼 때 어떻게 해야 할까? 자제심을 가져라. 괴로운가? 인내심을 가져라. 그렇게 하면 당신은 당신의 견해의 노예가 되지 않을 수 있다. 무엇인가를 잃어버렸다고 말하지 마라. 대신 넘겨주었다고 말하라. 아이가 죽었다고? 신에게 넘겨주지 않았나. 아내가 죽었다고? 그대가 신에게 넘겨주지 않았나."

고대에는 사망률이 높고 평균 수명이 짧아 배우자나 자녀, 부모를 예기치 않게 일찍 잃는 일이 드물지 않았다. 하지만 수천 년 동안 한 가지 진리는 변하지 않았다. 우리 삶의 어떤 다른 영역도 관계나 사랑의 영역만큼 기대로 인해 그토록 취약해지거나 의존적이게 되지 않는다는 것이다. 그러므로 스토아 철학자들은 우리의 애정 관계도 성장과 발전이 필요하다고 말한다.

오늘의 스토아인을 위한 1분 철학

별로 로맨틱하지 않은 질문

누군가를 만나 처음 혹은 두 번째로 사랑에 빠졌을 때 이런 질문을 해보라.

"당신의 어떤 껄끄럽고 어려운 부분이 5년 후에 나를 괴롭히게 될까요?"

물론 이 대화에서 당신 또한 자신의 어려운 부분에 대해 털어놓을 준비가 되어야 한다. 이는 상대방과의 대화에 재미와 깊이를 더해줄 뿐 아니라 초점 착시 현상을 넘어 두 사람의 공간을 조명한다.

충실한 관계를 구축하기

"다른 사람이 한 말을 신중히 생각하는 습관을 들이고, 가능하다면 말하는 이의 영혼에 공감해보라." — 마르쿠스 아우렐리우스

사랑의 관계를 위한 필수적인 동력은 서로가 서로의 장점을 보완하고 함께 삶을 풍요롭게 만드는 것이다. 그러니 안정되고 충만한 관계를 위해서는 서로의 장단점에 대한 규칙적인 분석이 필요하다. 이를 위해서 우리는 상대방의 언어를 이해하고 말할 수 있어야 한다. 각자는 장단점이 서로 다를 뿐 아니라 욕구나 소통 방식도 서로 다르기 때문이다. 건설적인 의사소통 방식은 상대방을 공감과 호의로 대할 것을 요구한다. 또한 일상의 관계 속에서 감사의 순간들과 자신을 사랑하는 시간을 규칙적으로 가져야 한다. 자신을 사랑하는 사람만이 타인을 진정으로 사랑할 수 있기 때문이다.

장단점을 생각해본다

우리는 모두 각기 다른 장단점을 가지고 있다. 그리고 장점과 단점은 서로 맞물려 있다. 매우 사교적이고 자발적이고 유머러스하다는 장점은 때로는 혼란스럽고 산만하다는 단점을 수반하기도 한다. 반면에 매우 체계적이고 자제력이 강한 사람은 지나치게 순응적이고 수동적인 방식으로 행동하는 경향이 있을 수 있다. 외향적 성향이 강한 사람은 매우 친절하고 매력적일 수 있지만, 어떤 면에서는 자신을 너무 과신하거나 심지어 고압적일 수도 있다. 좀 더 절제되고 수줍음이 많은 사람은 때때로 약간 지루할 수 있지만, 균형감과 신뢰를 갖춘 사람일 수 있다.

일상의 익숙함이 관계에 자리 잡을 때 단점이 관계 속에서 모습을 드러낸다. 늦어도 이 시점이면 우리는 파트너의 '실수'에 직면할 수밖에 없다. 남을 잘 돕고 매력적이며 쾌활하고 열정적이며 감사하는 태도와 같은 상대방의 장점 외에도 조급함이나 부주의함, 통제하려는 강박관념이나 유머의 결핍, 신뢰하기 어려운 우유부단함과 같은 상대방의 덜 아름다운 성격적 특성이 눈에 띄기 시작한다. 이상적인 슈퍼 파트너에 대한 환상은 적어도 한 번 이상 커다란 균열을 맞이한다. 그러다 늦어도 1, 2년 정도가 지난 후에는 서로의 단점을 나열하기 쉬운 관계가 되는 경우가 많다.

종종 이런 단점들 뒤에 숨은 의도를 의심할 때 관계의 갈등이 시작된다. 우리는 파트너의 행동이 명백히 마음에 들지 않음에도 불구하고 그 사람이 원하기만 한다면 다르게 행동할 수 있다고 믿는다. 하지만 상대방의 단점에 악의가 포함된 경우가 거의 없는 것처럼 이들이 말하거나 행동하는 것에도 대개 악의는 담겨 있지 않다. 오히려 상대방의 성장 과정이나 과거에 경험한 관계가 영향을 미치는 경우가 더 많다.

상대방의 단점을 너그럽게 대한다

스토아학파는 대부분의 사람들이 다르게 행동하거나 더 좋은 행동을 하기 어렵다고 생각했다. 마르쿠스 아우렐리우스는 말했다.

"자세히 주의를 기울여보면, 분노는 금세 사그라들고 상대방이 그런 행동을 할 수밖에 없는 사정이 있다는 사실을 알게 될 것이다. 그가 도대체 무엇을 할 수 있겠는가. 그러니 가능하다면 상대방을 억압하지 마라."

사실 우리 모두는 무능력한 부분을 가지고 있으며 이는 너무나 인간적이고 정상적이라고 할 수 있다. 그러므로 파트너의 단점을 개인적인 결함으로 받아들이지 말고 가능한 한 용인하려고 노력해보라.

혹시 당신의 파트너가 명백한 실수를 하더라도 그 사람이 자신의 실수를 깨닫고 있는지 확인해보고, 우리 모두가 인간이라는 사실도 기억하자. 마르쿠스 아우렐리우스는 또 이와 같이 말했다.

"실수를 저지른 사람조차 사랑하는 것이 인간의 본성이다. 그 사람이 자기와 가까운 사람일수록 이를 실수와 무지로 받아들이려고 노력한다."

파트너와 자신의 관계 패턴을 잘 아는 것도 그 사람의 단점을 보다 이성적으로 대하는 데 도움이 될 수 있다. 그러면 그 사람의 행동이나 반응에 별다른 악의가 있는 것이 아니며, 그저 오래 각인된 패턴에서 비롯된 것이라는 사실을 훨씬 명확하게 알 수 있다. 마르쿠스 아우렐리우스에 따르면 이 깨달음은 상대방을 보다 친절하게 대하는 데 유용하다.

단점을 용서하는 사랑

좋은 관계를 위해서는 상대방의 장점을 인정하는 일 못지않게 단점을 너그럽게 이해하는 일도 중요하다. 대부분의 관계가 실패하는 것은 상대방의 장점을 더 이상 인정하고 보려 하지 않아서가 아니다. 오히려 상대방의 단점을 충분히 이해하려 하지 않고 실수를 엄격하게 평가하며 상대방을 바꾸려 하는 데서 발생한다. 하지만 그것에 우리의 시간과 에너지를 낭비하는 대신, 상대방의 장점과 단점을 정직하게 분석하는 일에 투자하는 것이 낫다.

스토아인의 관점으로 말하자면, 바꿀 수 있는 것과 바꿀 수 없는 것을 구별하는 법을 배워야 한다. 다시 말해 더 발전할 수 있는 가능성을 바라보고 더 이상 어쩔 수 없는 현실에 대해서는 용서하는 것이다. 이런 분별력은 파트너와의 관계뿐 아니라

나 자신에게도 중요한 부분이다. 무엇보다도 우리는 상대방의 단점만을 따로 놓고 보지 말아야 한다. 모든 단점 뒤에는 장점이 있기 때문이다.

단점 이면의 장점

종이에 당신이 매력적이라고 여기는 파트너의 장점을 하나씩 나열해보라. 그런 다음 각각의 장점이 파트너의 어떤 단점과 연결되어 있는지 적어보라. 가령 당신의 파트너는 매우 믿음직스럽고 느긋하지만, 때로는 너무 과묵하거나 지루할 수도 있다. 혹은 당신의 파트너는 매우 의지가 강하고 자신감이 넘치지만 당신의 요구를 종종 묵살하기도 한다.

이제 파트너의 단점으로 고통받았던 상황을 기억해보라. 작성한 목록을 들여다보면 장점 뒤에 어떤 단점이 숨어 있는지를 알 수 있다. 상대방의 장점 없이 살고 싶은지 스스로에게 물어보라. 그러면 파트너의 여러 단점을 개성으로 볼 수 있으며, 훨씬 더 따뜻한 마음으로 받아들일 수 있다.

상대방의 언어로 말하는 법

"불의란 무엇인가를 하는 사람들뿐 아니라 아무것도 하지 않는 사람들에 의해서도 저질러진다."

마르쿠스 아우렐리우스의 말이다. 무언가를 잘못해서만이

아니라 무언가를 하지 않아도 실수를 한다는 의미다. 특히 일상적인 관계에서는 상대방에 대한 작은 선물과 칭찬, 진실한 관심이 시들해지는 경우가 많다.

'감정 그릇emotional tank'이라는 개념은 어린이와 청소년을 대상으로 한 정신의학적 치료의 개념으로 등장한다. 특히 아동은 사랑과 관심이 꾸준히 채워지는 이 감정 그릇에 크게 의존한다. 이 그릇이 정기적으로 사랑과 관심으로 채워지는 것에 말이다. 그런데 미국의 관계 전문가 게리 채프먼은 "성인도 크게 다르지 않다"라고 말한다. 채프먼은 그가 쓴 《5가지 사랑의 언어》에서 우리가 끊임없이 관계 속에서 채워 나가야 하는 '사랑의 그릇'에 대해 이야기한다. 이를 위한 전제 조건은 파트너에게 중요한 것들을 이해하고, 둘만의 방언으로 다섯 가지 사랑의 언어를 말하는 것이다.

1. 칭찬과 인정: 내 파트너에게 중요한 것은 무엇인가? 그 사람이 가장 좋아하는 칭찬은 무엇인가? 어떤 형태의 인정을 진정으로 받고 싶어 하는가?
2. 커플로 함께하는 시간: 두 사람 모두에게 재미있는 시간은 언제인가? 두 사람이 같이 휴식을 취하는 방식은 무엇인가? 나에게는 그리 재밌지 않지만 나의 파트너가 매우 좋아하는 휴일의 활동을 기꺼이 같이할 용의가 있는가?
3. 선물과 관심: 어떻게 하면 내 파트너를 행복하게 해줄 수 있는가? 그 사람은 어떤 선물을 특별히 좋아하는가?

4. 기꺼이 도우려는 태도: 나는 파트너의 일상생활에 충분한 관심을 보이는가? 그 사람에게 꾸준하게 지지와 도움을 베풀고 있는가?
5. 부드러움과 섹슈얼리티: 나의 파트너는 어떤 부드러운 손길을 좋아하는가? 쓰다듬고 안아줄 수 있는 공간이 충분한가? 파트너의 성적 환상과 욕망을 잘 알고 있는가? 상대방에게 나의 성적 욕구를 충분히 표현할 수 있는가?

사랑의 그릇이 우리의 언어로 채워질 때 우리는 비로소 자신이 사랑받는 소중한 존재라고 느낀다. 프랑스 작가 마르셀 프루스트는 이렇게 썼다.

"단 하나의 진정한 여행은 새로운 풍경 속으로 옮겨가는 것이 아니라 다른 사람의 눈을 통해 우주를 보는 것이다."

우리의 삶 전반에 대한 프루스트의 이 말은 특히 애정 관계에서 핵심적인 요소다. 중요한 것은 당신의 애정이 전달될 수 있도록 상대방에게 말하는 법을 진실한 노력으로 찾아야 한다는 것이다. 이것이 이루어지지 않으면 고요하게 함께하는 순간을 선호하는 상대방에게 사랑의 말을 퍼붓는 상황이 생길 수 있다. 어떤 사람은 말로 사랑을 풍부하게 표현해주길 바라고, 또 어떤 사람은 함께하는 활동에 목말라한다. 넘치는 인정을 받기를 원하는 사람도 있고, 묵묵한 지원을 바라는 사람도 있다.

파트너의 언어로 소통하되, 때로는 새로운 언어를 고안해보

라. 좋은 관계란 오로지 안정성과 지속성에만 바탕을 둔 것이 아니기 때문이다. 다양성도 중요한 부분이다. 종종 칭찬과 지지를 보내주고 파트너에게 당신이 정말로 아낀다는 사실을 표현해보라.

일상의 관계 돌보기

우리는 우리의 애정 관계가 보다 더 깊고 성숙해지기를 바란다. 일상에서 관계 유지의 중요한 핵심은 상대방이 당신에게 얼마나 중요한지를 말할 수 있는 능력이다. "당신은 내 인생에서 가장 중요한 사람이에요", "오늘 내가 당신에게 사랑한다는 말을 했나요?" 혹은 "당신이 없다면 살 수 없을 것 같아요" 등 상대방에게 가장 잘 어울리는 표현을 찾아보라. 상대방에게 느끼는 깊은 사랑을 거듭 표현할 수 있는 말이라면 어느 것이라도 좋다.

관계가 메마르고 갈라질 때

관계에서 갈등과 불만이 커질 때 사랑의 언어는 사랑의 그릇을 채워주는 효과적인 수단이 된다. 당신이 명심해야 할 부분이 있다. 소위 균형 이론에 따르면, 하나의 부정적인 경험이 조화를 되찾기 위해서는 약 다섯 가지의 긍정적인 경험이 필요하다. 그러므로 사랑의 그릇을 채우는 일은 어느 정도 양의 문제이기도 하다.

덧붙이자면 우리가 느끼는 대로 행동하고 말하는 일에서

중요한 것은 나라는 존재다. 상대방의 필요에 주목하라. 이는 더 정확하게 말하자면 상대방을 위해 좋은 일을 하겠다는 의식적인 결정과 맞닿아 있다. 사랑의 언어를 표현하는 일의 목표는 듣는 사람을 기쁘게 하기 위함이다. 사랑이란 자신의 감정과 욕구에만 집중하지 않는 것도 의미하기 때문이다.

모두를 위한 15분간의 발언 시간

파트너와 함께 주중에 30분 동안 서로의 말을 듣는 시간을 허락하기로 합의하고 날을 정하라. 그 시간 동안 한 사람은 다른 한 사람의 방해 없이 15분 동안 이야기할 수 있다. 이때 둘 다 자신의 마음속에 있는 것을 표현하는 게 중요하다. 경청은 존중의 한 형태이며 서로의 언어를 배우는 방법이다. 이후에 두 사람은 서로 어떤 부분에 깊이를 더할지 의논하고 결정할 수 있다.

감사함은 존중의 열쇠

충만하고 지속적인 관계를 위한 가장 중요한 열쇠 중 하나는 감사다. 이는 일상적으로 좋은 관계를 유지하기 위한 마법의 공식이다.

감사에 대한 개념은 이 세상 모든 종교와 지혜의 가르침에서 찾을 수 있다. 심리학에서도 이미 오래전부터 감사의 힘을 강조해왔다. 그런데 우리가 관계에서 감사할 수 있는 것은 무엇일까? 일단 감사함을 선물이나 친절한 표현과 같이 일회성 반응으로 보지 않는 것이 중요하다. 물론 그런 것도 중요하다. 하지만 감사란 이와 더불어 긍정적인 것에 집중하고 지속적으로 그것을 존중하는 태도다. 존중과 감사의 태도는 관계의 어려움과 갈등을 해결하는 데 큰 도움을 준다. 가령 서로가 힘들 때 언덕이 되어주며 더 깊은 인간관계로 이끌어줄 수 있음에 감사하는 마음을 파트너에게 품을 수 있다. 세네카는 말했다.

"우리가 하는 모든 일에 가능한 한 감사해야 한다. 정의는 대체로 남을 위한 것이지만 감사는 나 자신에게 좋은 것이다. 감사하는 태도는 커다란 보상으로 돌아온다."

자신에게 일어나는 일에 감사하는 사람은 자신의 안녕과 내면의 힘을 키울 뿐 아니라 상대방을 더 많은 자비와 인내, 관대함으로 대할 줄 안다. 그러므로 감사는 두 사람 모두에게 크나큰 보상을 안겨준다. 감사의 선순환을 위해서는 세 가지 단계가 필요하다.

1. 감사함을 인식한다.
2. 감사함을 소통한다.
3. 감사함을 수용한다.

"나를 사랑해줘서 고마워요!"

가끔은 적절한 순간에 표현하는 이 문장이 감사의 바퀴를 돌리는 원동력이 된다. 물론 나의 파트너가 내 감사를 기꺼이 받아들이고 자신의 감사함을 나와 나눌 줄 아는 사람이라면 말이다.

감사 일기

삶의 전반에 감사하는 태도를 체화하려면 그날 하루 중 감사함을 느낄 수 있었던 최고의 순간 세 가지를 저녁에 적어보라.

또 당신의 관계에서 감사함을 더하기 위해서는 매일 세 가지의 감사 요소를 적어보라. 파트너의 성격에 대한 것일 수도 있고, 그날 하루 당신이 느낀 즐거움과 뿌듯한 경험일 수도 있다. 저녁에 이 세 가지를 당신의 파트너와 공유해보라. 그리고 고마움의 말을 전하라.

자신을 사랑하라

"그대가 아무도 사랑하지 않는다면, 누구에게도
사랑받지 못할 마음의 준비를 해야 한다."
— 에픽테토스

사랑을 받고 싶은 것은 우리의 본성이다. 이 본성은 유아기부터 타고난 것이며 평생 우리와 함께한다. 우리는 타인의 사랑을 필요로 하며 그들이 우리를 사랑한다는 것을 느끼고 싶어 한다. 다시 말해 우리는 사랑받고 싶다. 하지만 타인이 영원히 우리를 사랑하기를 바랄 수는 없다. 그것은 부모님조차 할 수 없는 일이며 우리의 파트너나 친구 혹은 자녀에게도 기대할 수 없는 일이다. 평생 동안 자신에게 사랑과 연민을 아낌없이 줄 수 있는 유일한 사람은 바로 나 자신이다.

심리치료사 에바 예기는 《나에게 굿모닝 인사를Ich sag' mir selber Guten Morgen》에서 이 시대에 독신으로 사는 삶의 방식을 말한다. 저자에 따르면 독신으로 사는 이들은 내면의 공간을 끊임없이 삶으로 채워야 하는 특별한 어려움을 맞이한다.

자신과의 조화 속에서 사랑을

어린 시절 엄마가 가까이 있어도 혼자 재미있게 놀이에 몰두하던 순간에 우리는 처음으로 내면의 공간이 채워지는 듯한 경험을 한다. 안전함을 느끼면서도 동시에 그 순간에는 다른 사람이 필요하지 않다는 사실을 경험하는 것이다. 그것은 독립적인 존재로서 자신을 느끼고 자기 내면의 공간을 탐험하며 채워 나가는 시간이다. 애정 관계에서는 종종 이와 같은 독립성과 자기 돌봄의 공간이 무시당하기 쉽다.

혼자 살든 누군가와 함께하든, 일단 가장 친밀하고 중요한 관계가 자신과의 관계라는 사실을 깨닫고 나면, 우리는 한 가지를 알게 된다. 행복과 만족의 책임은 누구도 아닌 자신에게 있다는 사실을 말이다. 에바 예기의 말을 빌려보자.

"상대방이 나를 행복하게 해준다는 믿음은 행복과 사랑에 가장 큰 장애물이다. 상대방 없이도 스스로 만들어야 하는 것들이 있다."

이 말에 스토아 철학자들도 100퍼센트 동의할 것이다.

사랑하기 위해 필요한 것은 자기애

자기애는 자기 자신을 받아들이는 것 이상이다. 자신이 필요로 하는 보살핌을 스스로에게 베푸는 것이다. 따라서 진정한 자기애란 자기 내면의 공간과 접속하여 사랑하는 사람과 하는 모든 것을 자신과 나누는 것이다. 자신의 말을 들어주고, 자신과 기꺼이 함께하며, 자신의 단점을 애정 어린 눈으로 바라보는 것이다. 힘들고 도움이 필요할 때 자기가 자기에게 지원을 아낌없이 주는 것이다.

또 사랑의 언어를 배우고 자신을 인정하고 칭찬하며 부드러운 눈길로 대하는 것이다. 궁극적으로는 스스로 사랑의 그릇을 채우는 것이 성공적인 관계를 위해서 핵심적인 경험이라고 볼 수 있다. 자신을 사랑하는 것은 자신과 좋은 관계를 맺는 것이다. 또한 자신과 아직 연결되지 않았거나 더 이상 연결되지 않는 부분에 특히 주의를 기울이는 것이다. 좋아하지 않는 자신의 모습을 경멸하는 대신 스스로를 소중한 시선으로 바라보며 관심과 존중을 키워가는 것이다.

자신을 더 사랑할 수 있다는 사실을 알게 되는 것만으로도 우리 삶은 훨씬 풍요로워질 수 있다. 충분한 자기애와 자기 연민을 보여주는 사람이 타인에게 더 많은 감정적 자원을 베풀 수 있다는 것을 많은 연구 결과가 보여준다. 다시 말해 자기애는 다른 사람을 사랑하는 우리의 능력을 키워준다.

사랑하는 것이 사랑받는 것보다 행복하니까

스토아 철학자들에 의하면 우리가 친밀한 관계를 화목하

게 이끌어야 하는 데는 두 가지 필요성이 있다. 우리는 어딘가에 영원히 헌신하면서 동시에 자신의 욕구나 자아와 조화로운 상태로 살아가기를 원하기 때문이다. 사랑하는 것이 사랑받는 것보다 더 중요하다. 이는 스토아 철학자들뿐 아니라 현대 심리학에서도 언급하는 내용이다. 정신분석학자 마르가레테 미체를리히 닐슨은 말했다.

"사랑하는 것이 사랑받는 것보다 아름답다. 이 점을 느끼지 못한다면 당신에게는 치유해야 할 문제가 있는 것이다."

실제로 우리는 '사랑받는 것'에 대해서는 매우 제한적인 영향력을 가지고 있을 뿐이다. 하지만 사랑하는 법을 배우는 것은 가능하며, 이로 인해 관계를 맺고 사랑하는 능력은 더 커질 수 있고, 궁극적으로 다른 사람을 사랑함으로써 더 큰 행복과 만족을 얻을 수 있다. 반대로 우리가 관계에서 사랑받는 것에 지나친 중요성을 부여한다면 장기적으로는 우리 자신을 불행하게 하는 것과 같다. 이것이 오늘날 대부분의 심리학자들이 동의하는 스토아 철학의 진정한 핵심이다. 궁극적으로 우리 자신을 사랑하고 타인을 사랑할 때 심리적 안녕과 행복이 보장된다.

마지막으로 사랑에 대해 우리가 명심해야 할 몇 가지 핵심을 다시 한번 짚어보자.

- 사랑이 특별한 이유: 삶의 어떤 다른 분야에서도 낭만적 관계에서처럼 서로의 취약함에 굴복하지 않는다. 이것이 스토아 철학자들이 사랑은 의지해서는 안 되는 선이라고 단언하

는 이유다. 반면 사랑이 없는 좋은 삶이란 생각할 수 없다.

- 애정 관계가 실패하는 이유: 갈등과 이별의 주요 이유는 사랑을 시작하면서 착용하는 '오해'라는 장밋빛 안경 때문이다. 사랑에 빠질 때는 올바른 짝을 찾았다고 해석하고 이미 관계가 안정되었다고 믿는다. 하지만 완성된 관계란 없다.
- 애정으로 맺어진 관계가 성공하려면: 애정 관계에는 함께 발전하려는 의지가 필수적이다. 이를 위해 서로의 생각을 교환해야 한다. 이를 통해 받아들여야 할 것과 바꿀 수 있는 것을 분별할 수 있다. 상대방을 점차 잘 알고 이해하면서 그 사람의 언어로 사랑을 표현할 수 있는 것이다. 또 이를 통해 파트너의 실수를 더 따뜻하게 받아들일 수 있고 관계의 좋은 면을 더 명확하게 바라볼 수 있다. 여기서 중요한 것은 자기 자신이다. 자신에게 충분한 관심을 기울일 때 관계 속에서도 보다 독립적이면서 잘 연결될 수 있다.

오늘의 스토아인을 위한 1분 철학

공간을 나로 채우기

반듯하게 누워서 편안한 자세를 취하라. 심호흡을 하며 당신의 내면을 들여다보라. 당신의 몸에 흐르는 따뜻함을 느껴보라. 이제 당신을 고유한 존재로 만드는 그 무엇에 대해 생각해보라. 그런 느낌이 들 때까지 느긋하게 기다려보라. 그런 다음 파트너를 잊어버릴 만큼 자신을 충족시키는 것이 무엇인지 생각해보라. 몇 분 동안 그 긍정적인 감정을 느껴보라. 온몸을 따뜻하게 채우는 한 줄기 황금빛을 상상해봐도 좋다.

9장

지혜로운 비관주의

어떻게 행복한 비관주의자로 살까?

"운명은 누구에게나 예측 불가능한 방식으로 들이닥친다. 늘 무장하고 있는 사람이라면 운명을 더 쉽게 받아들인다."

— 세네카

정서적 손상의 최소화

"사람은 자신의 상황을 익숙하게 받아들이고 가능한 한 불평하지 말아야 한다. 또 상황을 즐겁게 만드는 것이라면 그것을 붙잡아야 한다." — 세네카

진즉 알았어야 했다. 정오에 독일철도청에서 보낸 이메일을 통해 오늘 밤 예약한 기차가 계획대로 운행되지 않는다는 소식을 들었을 때, 그 자리에서 모든 것을 예상하고 대처했어야 했다. 바로 기차역으로 가서 가능한 한 빨리 기차를 탔다면 문제가 없었을 것이다. 하지만 나는 예정된 시간에 집을 떠나 프랑크푸르트 암 마인 공항으로 가는 가장 빠른 다음 편 기차를 탔고, 거기서 세 가지 변수가 발생했다. 함부르크 역에서 발생한 신호 교란 문제로 더 많은 기차가 지연되었고, 예정에 없이 기차가 여러 번 멈춰 섰으며, 이는 경찰의 개입과 계획에 없던 다른 기차로 이동하는 일까지 야기했다. 그사이에 나를 곧장 프랑크푸르트로 데려다줄 수 있었던 두 대의 기차가 지나갔다.

결국, 3시간이나 지연된 후에 나는 괴팅겐에서 기차를 갈아탈 수 있었고 겨우 프랑크푸르트로 가는 막차를 탈 수 있었다. 오후 10시가 아닌 새벽 1시쯤 중앙역에 도착해서야 호텔 예약

증이 없다는 사실을 깨달았다. 예약증을 메일이 아닌 우편으로 신청했기 때문이다. 내가 기억하는 것은 오직 호텔의 이름뿐이었다. 게다가 예약한 호텔이 체인 호텔이며 같은 이름을 가진 호텔이 도시에 세 개나 된다는 사실도 그제야 알게 되었다. 나는 기차역 근처에 있는 호텔을 선택했다. 하지만 호텔 내부 시스템 고장으로 야간 근무자는 내 방을 배정하지 못했고, 나는 새벽 2시 30분쯤까지 호텔 로비에 앉아 방을 배정받기를 기다렸다. 물론 그 호텔은 내가 예약한 호텔이 아니었고, 다음 날 돌아오는 여행길에서는 심지어 지갑까지 잃어버렸다.

당신은 아마도 하나의 부정적 사건이 그다음 부정적 상황으로 이어지는 불운의 연속을 알고 있을 것이다. 엎친 데 덮친 격으로 또 다른 불운 속으로 빠져드는 것이다. 특히 이런 불운의 연속이 주는 심리학적 영향을 과소평가해서는 안 된다. 그 결과 우리는 상심하고 스트레스를 받으며 신경이 곤두서거나 잠을 빼앗긴다. 수면 부족과 스트레스는 역으로 더 많은 실수를 불러일으킬 가능성을 키운다.

손실에 대한 우리의 왜곡된 견해

예상치 못한 사고나 장애물, 지갑 분실과 같은 사고는 한 번 일어나면 되돌릴 수 없다. 또한 서류와 신분증을 새로 마련하고 정리하느라 시간을 많이 빼앗기는 것과 같은 결과를 막을 수도 없다. 하지만 '손실에 대한 혐오'로 가득 찬 우리의 태도를 바꾸는 일은 가능하다. 이는 손실을 이익보다 더 높게 평가하는 것을 의미한다. 물론 무언가를 잃는 것은 그것을 얻는 것보다는 우리를 더 상심하게 한다. 계획을 포기해야 하거나, 무엇 혹은 누군가와 헤어지거나, 전 세계적 전염병으로 삶의 지대한 부분을 포기하고 희생해야 하는 것 등 모든 것은 종종 극도로 괴로운 상황을 안겨준다.

스토아 철학자들에 의하면 좋은 삶을 살기 위해서는 부정적인 감정이 우리를 지배하지 않도록 하는 것이 중요하다. 스토아인들이 예기치 않은 불운과 부정적 사건에 어떻게 대처할지를 오래 성찰한 이유도 바로 이 때문이다.

정신적 회계

일어나는 일에 더 이상 크게 놀라지 않는 연습을 하고, 삶의 많은 것이 우리의 소망과 계획대로 되지 않는다는 사실을 깨닫는 것, 여기서부터 대처는 시작된다. 마르쿠스 아우렐리우스는 말했다.

"살면서 일어나는 일에 당황하는 사람이야말로 우스꽝스럽고 못난 사람이다."

다음번에 놀랄 일이 생기면 우선 의식적인 해석 능력을 발휘하여 부정적인 감정이 폭발하는 일을 예방해보라. 막을 수가 없다면 적어도 감정을 최소화하려는 시도는 해보라. 다음의 세 가지 가상 계좌를 이용하여 시도해보자.

실패 계좌

좌절이나 장애물, 계획되지 않은 사건들을 예치하는 곳이다. 매일 이 계좌에 무엇인가가 들어오는 것을 기본적으로 각오하라. 그런 사건들이 들어오지 않는다면 하루하루를 감사하라. 하지만 그런 날이 늘 이어지기를 바라지는 마라. 아무것도 일어나지 않고 모든 것이 매끄럽게 흘러가는 경우는 규칙이 아니라 예외에 속한다. 그러므로 파산과 불운, 불상사가 왜 나에게만 일어나는지를 묻기보다는 피할 수 없는 그 상황을 받아들여라.

기부 계좌

예상치 못한 사건이나 좌절의 경험을 긍정적으로 해석하는 곳이다. 예를 들어 중요한 마감 직전에 감기에 걸린다면 처음에는 재앙으로 여겨질 수 있다. 하지만 감기를 며칠 쉬어가라는 신호로 해석한다면 오히려 도움이 될 수 있다. 기부라는 개념은 남을 위한 일을 통해 자신에게 좋은 일을 한다는 의미다. 그러니 이곳은 세금이나 주차위반 벌금, 잃어버리거나 도둑맞은 돈과 같이 타인에게 이득이 된 정신적 금액들을 예치해두는 계좌다. 이 모든 비용과 금액을 손실이라 여기지 말고 기부라고 생각해보자.

예를 들어, 당신이 낸 세금은 공동체에 도움이 되고, 당신이 잃은 100유로는 당신보다 가난하고 돈이 더 필요한 누군가가 주워 갈 수 있다. 이런 비용을 긍정적으로 판단한다면 주어진 상황을 더 잘 받아들일 수 있을 것이다. 상실감이나 예기치 않은 감기를 없던 일로 할 수는 없지만, 그 일에 대한 해석과 의미 부여는 바로 우리 손에 달려 있다.

행운 계좌

실패 계좌와 기부 계좌를 만들고 대처하는 것으로 이제 당신은 시간과 정신력이라는 두 가지 귀중한 보물을 지킬 수 있다. 그러므로 이 세 번째 계좌에는 모든 불상사와 좌절, 퇴보의 기운을 예치해놓고 커다란 동요나 괴로움 없이 자신의 길을 가도록 하자. 동시에 세네카가 이야기한 원칙을 떠올려보라.

"그러므로 사람은 자신의 상황을 익숙하게 받아들이고 가능한 한 불평하지 말아야 한다. 또 상황을 즐겁게 만드는 것이라면 그것을 붙잡아야 한다."

낙관주의적 목표를 품은 비관주의자가 되라

처음 두 계좌의 예금액이 많을수록 세 번째 계좌의 예금액도 덩달아 늘어난다. 다시 말해 당신의 삶의 질도 높아지는 것이다. 혈압도 안정되며 스트레스 호르몬도 적게 분비될 것이다.

그러면서 보다 적절하게 상황에 반응할 수 있으며 냉정함을 잃지 않고 올바른 결정을 내릴 수 있을 것이다. 이 모든 것이 결국 미래의 불상사 혹은 불행을 피하거나 막는 데 도움이 된다.

좀 더 간단히 말해보자. 우리의 삶이 항상 상상할 수 없는 것으로 가득 차 있다는 사실을 깨닫고 나면 오히려 삶을 만족하며 받아들일 수 있게 된다. 또한 가능하다면 불상사를 피하려 할 것이다. 그럼에도 불구하고 수렁에 빠지는 때가 온다면 부정적 상황에 매몰되는 경향에서 벗어나 긍정적인 측면을 찾으려고 노력하면 된다. 손실과 상실에 집착하여 흥분하는 대신 자신을 다스리는 방법을 택하는 것이다. 다시 말해 이미 일어난 일을 자신의 삶에 필요한 과정으로 해석하고 건설적으로 받아들임으로써 정서적, 감정적 피해를 최소화할 수 있다. 이것이 바로 우리가 불운을 황금으로 바꾸려는 낙관적인 목표를 품은 비관주의자가 되는 법이다. 마르쿠스 아우렐리우스의 정신이 깃든 다음의 좌우명을 기억하라.

"앞으로는 그대에게 고통을 주는 모든 일에 대해 다음 원칙을 고수하라. 이 일은 불운이 아니라 오히려 품위 있게 대처할 기회를 주는 행운이다."

오늘의 스토아인을 위한 1분 철학

스토아 철학이라는 마법 지팡이

그리스 신 헤르메스는 마법 지팡이를 가지고 있었다. 만지는 것마다 금으로 변하는 지팡이였다. 에픽테토스는 스토아 철학을 모든 부정과 장애물을 미덕으로 바꾸어놓는 헤르메스의 지팡이로 생각하라고 제자들에게 조언했다. 이것만 봐도 스토아 철학이 삶의 부정적 측면을 대처하는 일에서 얼마나 신뢰할 만한지를 알 수 있다. 철학자이자 금융 전문가인 나심 니콜라스 탈레브는 반취약성antifragile이라는 개념을 이야기한다. 이는 좌절과 위기가 지난 후에 오히려 전보다 강해지고 씩씩해질 수 있는 우리 안의 능력을 가리킨다.

스토아적 비관론

> "그대가 모든 근심을 떨쳐버리겠다면, 반드시 일어날 거라 두려워하는 일에 대해 상상해보라. 그리고 그 악이 무엇이든 모든 측면에서 바라보고 그대의 두려움을 가늠해보라." — 세네카

서기 165년 안토니누스 역병이 발병했을 때, 로마인들은 한 번도 겪어보지 못한 도전에 직면했다. 이 전염병은 중국에서 시작되었는데 실크로드를 통해 유럽에까지 전파된 것이다. 전염병은 로마 군단을 따라 갈리아 지역과 라인강 일대까지 퍼졌다.

그런데 이 유행병은 발생한 지 20년이 넘은 189년에야 절정에 달했다. 로마에서만 매일 2,000여 명의 사람들이 죽어 나갔다. 역병의 습격에 행정력과 의학은 완벽하게 무력한 모습을 보였다. 당시로는 백신도 불가능했고, 마르쿠스 아우렐리우스 황제 또한 다른 모든 로마인과 마찬가지로 전염병을 신이 내리는 운명이나 형벌로 받아들여야 했다. 벌어진 사태를 통제할 수 있는 이는 아무도 없었다. 이 와중에도 스토아 철학자들은 내부적으로 재앙에 대비하고 있었던 것 같다. 마르쿠스 아우렐리우스는 매일 아침 자신의 유한성을 성찰하면서 감염 가능성에 대해서도 고심했다.

최악의 경우를 대비하라

스토아학파의 가장 잘 알려진 사색 훈련 중 하나는 '최악의 상황 예상하기'라고 할 수 있는데 이는 때로 '사전 부검' 혹은 '부정적 시각화'라고 불리기도 한다. 세네카는 이 명상을 장애와 역경에 대한 정신적 예측 수행이라고 설명했다. 스토아인들은 이런 훈련을 통해 자신의 죽음이나 유배, 심각한 질병에 걸릴 가능성, 가난이나 사랑하는 사람의 상실과 같은 부정적 가능성을 다루었다. 에픽테토스는 조언했다.

"매일 죽음이나 유배 등 그대에게 끔찍한 괴로움을 주는 가능성들을 상상하라. 그렇게 하면 그대는 결코 불경스러운 생각을 하지도, 과도한 욕망을 품지도 못할 것이다."

사전 부검 훈련은 주어진 삶을 보다 감사하게 하고 두려움을 최소화한다. 자신의 삶과 소중한 고향, 자유, 사랑하는 이들 혹은 건강을 상실하는 상상을 함으로써 그것들의 소중한 가치와 중요성에 다시 한번 감사하는 법을 배우는 것이다. 또한 공포의 감정을 깊이 파고들어 두려움이 진정되고 그것에 익숙해질 때까지 그 이미지를 반복한다. 세네카가 중요하게 여긴 것은 바로 이런 효과였다.

"따라서 현자는 미래의 불행을 익숙하게 받아들이고 다른 사람들이 오래 참으면서 받아들이는 것을 오래 생각하면서 쉽게 받아들인다."

이는 감정적으로나 정신적으로 미리 익숙해짐으로써 일어

날 수 있는 불운이나 위기에 대비하는 것을 의미한다. 이런 의미에서 스토아식 사전 부검은 평정심을 위한 훈련이다. 최악의 시나리오 혹은 비슷한 일이 실제로 일어날 경우를 미리 상상하는 것이다. 세네카는 스토아 철학자들의 이런 태도를 다음과 같이 표현했다.

"다가올 모든 것을 실제로 일어날 일처럼 예견함으로써 현자는 운명의 거센 힘을 약화할 수 있다."

두려움에 대한 적극적인 대처

배우 윌 스미스는 이렇게 말했다.

"당신이 원하는 모든 것은 두려움 너머에 있다."

그의 말은 스토아학파의 본질적인 믿음을 반영한다. 우리의 삶은 두려움을 피하는 것이 아니라, 두려움을 적극적으로 파고들어 자신을 위해 생산적으로 사용하는 것이다. 이는 상황이 어려울 때만의 일은 아니다. 우리는 특히 평온의 시기에 이런 회복력을 훈련해야 한다. 세네카는 말했다.

"완벽하게 안전한 시기에도 우리는 혹독한 시련에 대비해야 한다."

고민 일기

하루에 한 번 고민거리를 공책이나 파일에 기록해보라. 하루에 10분에서 15분 정도의 시간이면 충분하다. 고민거리를 집중해서 적는 것만으로도 이미 유익한 효과가 있다. 머릿속 걱정

거리들을 무시하지 않았다는 사실만으로도 그것에 대해 온종일 고민할 필요가 없다.

일주일 후에 고민거리를 이전과 비교해보고 어떤 생각이 지속해서 당신을 힘들게 하는지 확인해보라. 그런 다음 최악의 상황이 정말로 일어난다고 상상해보라. 가장 끔찍한 결과에 직면한다면 걱정은 더 이상 소용이 없다. 그러므로 수많은 고민거리가 한순간 공기 속으로 사라질 것이다. 그래도 남아 있는 걱정거리가 있다면 그것들을 진지하게 바라보고 해결책을 찾으면 된다.

매일 고민 일기를 써보라. 당신의 고민거리가 계속 바뀌는 것을 지켜보고 해결책을 찾기 위해 일주일에 한 번 진지하게 자리를 마련해보라.

목표를 달성하는 일은 쉽지 않다

"만약 당신이 실패할 수 없다면 무엇을 할 것인가?"

동기부여 수업에서 가장 인기 있는 질문이다. 우리의 상상력을 자극하고 우리의 숨겨진 욕망을 드러내므로 무척 필요한 질문이기도 하다. 하지만 욕망과 꿈으로 인해 우리는 더는 앞으로 나아가지 못하는 위험에 처할 수도 있다.

우리의 소망이나 멋진 아이디어는 목표를 달성하거나 꿈을 실현하는 일에 관해서는 시작에 불과하다. 목표를 달성하기 위한 다음 단계에서 필요한 것은 다음과 같은 질문과 고려 사항이다. 만약 실패한다면 어떻게 할 것인가? 가장 실패하기 쉬운 부분은 무엇인가? 소망을 이루기 위한 길을 어렵게 만들거나 막아서는 위험한 장애물과 요소는 과연 무엇인가?

빈약한 자금이나 강력한 경쟁자와 같은 외부 장애물도 있지만 내적 저항과 같은 내면의 장애물도 무시할 수 없다. 마음먹은 대로 일을 진행하고 아이디어를 구현하고 싶다면 최악의 시나리오를 예상하는 일도 나름대로 의미가 있다. 환상으로부터 자신을 보호할 뿐 아니라 발생할 수 있는 문제에 대한 가능한 해결책을 미리 개발할 수 있기 때문이다.

낙관론과 비관론 사이의 올바른 균형

오해를 피하고자 미리 말해두고자 한다. 사전 부검과 같은 이론적 비관론은 매일 몇 시간씩 흉측한 악몽과 공포 시나리오 속으로 자신을 밀어 넣으라는 얘기가 아니다. 그런 방식은 누구도 행복하거나 편안하게 하지 않으며 지나치게 부정적인 생각을 하는 것은 오히려 해롭기까지 하다. 기본적으로 우리는 삶의 부정적인 측면보다는 긍정적인 측면에 더 많은 공간을 할애해야 한다. 낙관주의의 상당 부분은 행복하고 좋은 삶을 위한 근본적인 요소다. 하지만 낙관론만으로는 행복이나 성공을 얻을 수 없다. 도가 지나친 낙관주의는 심지어 방해가 되기도 하는데, 특히 복잡한 과제와 목표에 관해서는 그렇다.

낙관주의의 함정을 피하라

심리학자인 가브리엘레 외팅겐은 노력이나 복잡한 고민 없이는 이룰 수 없는 평생의 꿈을 사람들이 어떻게 가장 잘 이룰 수 있는지에 대해 20년 이상 연구해왔다. 그 결과 지나치게 긍정적인 생각이 때로는 장애가 되는 두 가지 이유를 발견했다.

1. 목표에 대한 긍정적인 환상과 꿈은 목표를 향한 행동에 돌진할 에너지를 앗아갈 정도로 지나치게 긴장을 늦추는 면이 있다.
2. 장애물을 이해하지 못하면 목표인 꿈을 실현하지 못할 수도 있다.

아마 당신은 부정적인 사고를 허락하면 안 된다는 말을 수없이 들었을 것이다. 하지만 그 반대다. 중요한 소원을 성취하기 위해서는 부정적인 면을 생각하며 가능한 장애들을 포함하여 꿈을 실현해 나가야 한다. 심리학자들은 이 과정을 '정신 대조'라고 한다. 가브리엘레 외팅겐은 이 사고법을 WOOP라고도 부른다. 이는 네 단계로 이루어진다.

1. 소망Wish: 차분히 시간을 들여 자신의 소망을 눈앞에 그려보라. 도전이 요구될 수 있지만 성취할 가능성이 있다고 생각하는 것이 좋다.

2. 결과Outcome: 소망이 이루어지면 일어날 긍정적인 결과를 상상하라. 결과에 대한 매우 구체적인 이미지를 떠올리고 이를 짧은 문장으로 설명하는 것이 중요하다. 이와 동반되는 기분 좋은 감정을 의식적으로 즐겨보라.
3. 장애물Obstacle: 긍정적인 상상 뒤에 현실과 비교하는 시간을 가져보라. 다시 말해 소망을 실현하는 데 방해가 될 수 있는 모든 것에 관심을 기울이고 마음의 눈(시각화)으로 가장 큰 내적, 외적 장애물을 바라본다. 또한 짧은 문장으로 이런 요인들이 어떻게 실패에 기여하는지 기록해본다.
4. 계획Plan: 목표를 달성하고 잠재적인 장애물을 극복하는 방법의 구체적인 단계를 적어보라. 이를 위해 '만약 그렇다면'의 문장을 완성해보라.

WOOP의 예

당신은 노동 시간을 줄이고 싶다. 여기서 가능한 장애물이란 상사가 이에 동의하지 않거나 월급이 현저히 적어질 수 있다는 것이다. 그렇다면 다음 질문을 해보라. 줄어든 월급으로 어떻게 살 것인가? 상사가 거절한다면 당신은 어떻게 반응할 것인가? 가령 다음과 같은 문장을 만들어보라.

"만약 돈이 충분하지 않다면 나는 차를 팔 것이다."

"상사가 안 된다고 하면 다른 직장을 알아보거나 적어도 3개월은 무급휴가를 받도록 노력해야겠다."

소원 성취와 자기효능감

목표를 달성하기 위해서는 장애물을 아는 것만으로는 부족하고, 어떤 전략과 행동을 통해 스스로를 도울지 생각해야 한다. 심리학자들은 이와 관련하여 회복탄력성 또는 심리적 저항력이라는 개념을 이야기한다. 이를 통해서 궁극적으로 일반적인 자기효능감, 즉 위기와 어려움의 시기를 스스로 극복하고 뭔가를 성취할 수 있다는 자신감을 강화할 수 있다.

정신 대조의 과정에서 우리는 또한 정말로 우리가 바라는 것이 성취될 수 있는지, 목표가 달성 가능한지를 알아차린다. 이를 통해 목표를 바꿔야 할지 아니면 아예 포기해야 할지도 결정할 수 있다. 장기적으로, 비현실적인 소망은 우리의 일반적인 자기효능감과 삶의 만족도를 손상시킨다.

부정적인 결과와 장애물, 자신의 한계를 탐색함으로써 비로소 긍정적인 전략을 설계할 수 있고, 실제로 목표 달성을 위해 필요한 것을 하려는 동기부여를 얻을 수 있다. 에픽테토스의 말을 빌리자면 다음과 같다.

"당신이 하는 모든 일에서 전제와 그 결과를 고려한 다음 일을 시작하라. 그렇지 않으면 처음에는 열정적으로 시작하더라도 나중에 작은 어려움이라도 닥치면 불명예스럽게 포기하게 될 것이다."

편지에 담는 인생 계획

10년 후에 당신이 어떻게 될지 상상해보고, 미래에 보이는 것들과 이루고 싶은 것들을 담아 미래의 자신에게 편지를 써보라.

"소중한 ○○야, 10년 후에 너는…"으로 시작하고, 떠오르는 당신의 미래 모습을 묘사해보라(WOOP의 1단계와 2단계). 그런 다음 향후 5~10년 동안 직면할 수 있는 도전과 위기에 대해 미래의 자신에게 설명해보라(WOOP의 3단계). 닥쳐올 수 있는 장애물과 위기를 어떻게 준비하고 극복할지에 대한 계획서 초안을 작성하여 편지에 첨부한다(WOOP의 4단계).

삶에 대한 비관적 입장

"예상치 못한 장난에도 꿋꿋이 제 갈 길을 가려면
우리 삶에 필요한 기술은 춤보다는 검술에 가깝다."
— 마르쿠스 아우렐리우스

세네카는 어떤 이유로든 야반도주할 경우를 대비해서 중요한 것들을 담은 가방을 항상 지니고 있어야 한다고 권한다. 밤에 화재로 인해 잠에서 깨어 정신없이 밖으로 도망가야 하는 일은 오늘날보다 2,000년 전 고대 로마 시대에 훨씬 더 많았을 것이다. 그럼에도 불구하고 세네카의 조언은 불안과 두려움의 감정에 시달리는 현대인에게도 긍정적인 영향을 미치고 잘 적용될 수 있다. 이는 불시에 닥칠 수 있는 운명과 그로 인한 상실에 정서적으로 대비하라는 스토아인들의 예방 철학의 한 부분이기도 하다. 그런 일은 깊은 밤의 화재일 수도 있고, 도난당한 귀중품이나 질병일 수도 있으며, 심지어는 당신의 죽음일 수도 있다.

안전지대를 벗어나라

스토아학파는 상상이나 시각화의 과정 외에 좌절을 예방하는 매우 실용적인 수행법을 설계하기도 했다. 가령 빈곤에 대한 두려움을 예방하기 위한 접근법을 예로 들어보자. "그나저나 영혼의 힘을 시험할 수 있는 좋은 방법이 있다"라고 세네카는 썼다.

"며칠 동안 가장 적은 양의 간단한 음식과 가장 거칠고 낡은 옷으로만 만족하는 생활을 해보라. 그런 다음 자신에게 물어보라. 이것이 내가 가장 두려워하던 것인가?"

세네카는 호화스러운 삶에 익숙해지지 않기 위해 딱딱한 매트리스 위에서 잠을 잤다. 고기와 기름진 음식도 삼갔다. 당시 세네카는 로마에서 가장 부유한 사람 중 한 명이었다. 스페인과 이집트, 이탈리아에 여러 영지를 소유하고 있었으며, 네로 황제의 후한 기부로 많은 재산을 모았다. 그런데도 그는 종종 마른 빵과 개밥 그릇에 담은 물로 끼니를 해결하곤 했다.

의식적인 쾌락의 포기와 안락한 삶의 영역을 벗어나는 식이요법은 스토아인들에게는 실용적인 수행법의 한 부분이기도 했다. 로마 공화정 말기의 스토아인이자 로마의 원로원 의원이었던 소小 카토는 자신의 높은 지위와는 거리가 먼 자발적 불편을 자청했다. 그는 덥고 비 오는 날씨에 종종 모자도 쓰지 않고 맨발로 거리를 거닐었다. 때로는 계급에 걸맞지 않은 옷을 입고 일부러 사람들의 조롱과 비웃음에 자신을 노출시키곤 했다. 스토아인들의 수행법에는 운명의 화살에 맞는 상황이나 질병이나 지위 상실, 유배나 수형과 같은 예외 상황에 대비하는 방법도 포함되어 있었다. 그러한 수행법을 한 달에 며칠씩이라도 실천한다면 앞으로 닥쳐올 곤란을 더 잘 대처할 수 있을 것이라고 그들은 믿었다.

짜증나는 인간들 앞에서 평정심을 가지려면

누구나 일상을 살면서 불친절한 사람들과 접촉하며 살 수밖에 없다는 것이 스토아적 비관주의의 한 부분이다. 마르쿠스 아우렐리우스는 이를 매일 아침 성찰하라고 권유했다.

"새벽에 일어나 스스로 이렇게 말해보라. 오늘 나는 쩨쩨하고 배은망덕하고 뻔뻔하고 거짓되며 질투심으로 가득 찬 이기적인 인간들을 만날 것이다."

황제였던 마르쿠스 아우렐리우스는 선한 의도만 가진 사람들이 아니라 그를 조종하거나 착취하려는 수많은 사람을 대비해야 했다. 하지만 논쟁과 방어, 갈등에 초점을 맞추는 대신, 친절과 관용, 너그러움에 초점을 맞추려고 했다.

"서로 반목하는 것은 자연에 반하는 것이다."

그는 모든 상황에도 불구하고 여전히 자신에게 비우호적인 사람들과 관계를 유지했다.

"나에게 잘못한 사람들이 여전히 나와 관련되어 있다는 것을 나는 안다."

마르쿠스 아우렐리우스는 또한 그가 다른 사람이 아닌 오로지 자신에게만 영향을 미칠 수 있다는 것을 알았다.

"그 사람이 불성실하고 배은망덕하다고 비난하려면 무엇보다 먼저 자신을 돌아보라. 그런 태도를 가진 사람이 신뢰를 저버리지 않을 것이라고 믿은 그대에게 분명 잘못이 있기 때문이다."

당신을 해치고 싶어 하거나 짜증나게 하거나 자기 이익만을 도모하는 사람에게 평정심을 가지고 대처하려면 역시 마르쿠스 아우렐리우스의 통찰을 기억하라.

"이 세상에 뻔뻔한 사람이 없을 수 있을까? 그건 불가능한 일이다."

비관적인 태도를 보이되 너그럽게 자신의 태도를 되돌아보는 것은 불가능한 것을 기대하는 것보다 언제나 지혜로운 태도다.

스토아적 비관론자들에게 배울 점

비관주의는 억울하게도 나쁜 평판을 가지고 있지만, 의식적으로 사용하면 우리의 삶을 개선하는 데 도움이 된다. 스토아학파는 거의 체계적인 비관론을 개발했다.

스토아학파는 운명과 장애물에 가능한 한 널리 대처할 것을 권고한다. 마음속으로 문제들에 미리 대처하거나 자신을 불편한 상황에 의식적으로 노출함으로써 이런 대처를 할 수 있다. 이 방법을 통해 어려움을 피하거나 해결책을 마련할 수 있다. 피할 수 없는 도전이라면 이미 정신적, 감정적으로 여러 번 겪어본 다음에는 훨씬 더 견딜 만할 것이다.

스토아적 비관론자들은 나쁜 일을 두려워하지 않고, 미리 그것에 대비하여 무장한다. 그리하여 이들은 쉽게 실망하는 낙관론자들보다 더 느긋하고 만족한 삶을 영위한다. 게다가 이미 일어난 일을 운명으로 받아들이고 그것으로부터 교훈을 얻는다. 마지막으로 중요한 것은 이들이 역경의 긍정적인 측면을 어떻게든 찾아낸다는 점이다. 그러므로 이들은 낙관적인 목적의 비관론자라고 할 수 있다.

오늘의 스토아인을 위한 1분 철학

나 자신에게 도전하기

2주 동안 당분이나 설탕 없이 지낼 수도 있고, 스스로 정한 기간 동안 최소한의 경비로 지낼 수도 있다. 미래의 힘든 시간과 예외적 상황에 대비하는 방법은 다양하다. 빗속을 걷거나 진흙탕 속을 달려보는 방법도 있다. 아침 일찍 일어나 찬물로 샤워를 하거나 사우나에 가서 얼음물로 몸을 단련해볼 수도 있다. 다시 말해 불편한 상황에 종종 자신을 노출시켜보는 것이다. 스스로를 벌하는 것이 아니라 의식적으로 자신의 한계에 도전해보고 안전지대를 벗어나보는 방법이다.

10장

존재의 가벼움

어떻게 잘 살고 잘 죽을 수 있을까?

"곧 삶을 끝내야 할 때 인생을 시작하기란 너무 늦다. 쉰이나 예순 살이 될 때까지도 마치 결심을 미루듯 자신의 유한함을 잊어버리고 사는 것은 얼마나 한심한 일인가."

— 세네카

세상에서 가장 자연스러운 비밀

> "죽는 것은 우주에서 떨어져 나가는 것이 아니다. 이곳에서 존재하면서 변화하고 우주의 구성요소가 되어 용해된다. 그러나 그 또한 변화하므로 불평할 일이 아니다." — 마르쿠스 아우렐리우스

어린 시절에는 죽음이 고통스러운 위협이라고 생각했다. 무엇보다도 곁의 사람들을 잃는다는 사실을 견딜 수 없었다. 많은 아이들이 그러하듯 나도 여덟 살 무렵에 삶의 유한함을 깨달았다. 가까이 있는 사람이 어느 날 완전히 사라져버릴 거라는 생각은 수없이 많은 밤에 나를 괴롭혔다.

"죽음은 출생처럼 자연의 신비다. 삶과 마찬가지로 같은 요소들의 조합이며 죽음 이후에 그것들은 자연 속으로 분해된다. 하지만 어느 것도 무가치해 보이지는 않는다."

마르쿠스 아우렐리우스는 《명상록》에 이렇게 썼다. 어쩌면 당시 내게 누군가가 죽음도 출생만큼이나 자연스러운 삶의 일부라고 설명해주었다면 어느 정도 도움이 되었을지 모른다. 하지만 그렇다 해도 죽음과 죽음에 동반되는 고통으로부터 나를 보호하지는 못했을 것이다.

아이였을 때 나는 특히 두 가지를 무서워했다. 하나는 죽고

나서 남겨지는 시신이었다. 우리가 개입할 수 없이 변화하고 썩어가는 몸. 사실 우리의 일상 문화에서 시체는 거의 금기시되고 있다. 오늘날까지 많은 이들이 시신을 수치심과 혐오감, 금기와 연관 지어 떠올린다.

또 하나는 죽음과 마주하게 되는 순간의 절대성이었다. 나는 그 절대성에 충격을 받았다. 우리의 유한성은 선택하거나 거부할 수 있는 사항이 아니다. 이는 새로운 시작이 없는 결말을 생각하도록 우리에게 강요한다. 뭔가 새로운 것이 나타날지도 모르지만, 그 새로운 것은 우리에게 미스터리로 남아 있다. 우주의 기원이 오늘날까지 수수께끼로 남아 있는 것처럼 말이다.

불확실성에 맞서는 용기

스토아 철학자들은 사후에 두 가지 가능성이 우리를 기다린다고 보았다. 존재하기를 멈추거나 계속 삶을 지속하거나. 마르쿠스 아우렐리우스는 이 두 가지 선택을 다음과 같이 요약했다.

"죽음을 두려워하는 사람은 모든 감정의 중단 혹은 변화를 두려워한다. 하지만 더 이상 아무것도 느끼지 않는다면, 더 이상 어떤 괴로움도 느낄 수 없다. 반면에 감정이 변화한다면 그대는 다른 존재가 된 것이니 그 존재로 계속 삶을 이어 나갈 것이다."

기독교를 비롯한 대부분의 다른 종교와는 달리 스토아 철학에서는 의도적으로 여기에 빈칸을 남긴다. 스토아 철학자들은 모든 것이 죽음으로 끝나는 것을 받아들이기를 원하지 않으며, 죽음 이후의 다른 삶이 어떤 모습일지 구체적인 이미지를 형성하기를 원하지도 않는다. 오히려 죽음에 대한 구체적인 기대와 생각을 버림으로써 삶의 무상함과 유한함을 친구로 만들어야 한다고 생각한다. 스토아 철학에서는 죽음을 열린 결말로 본다. 죽음을 받아들이는 것은 미지의 것과 불확실한 것에 대해 우리 자신을 개방하는 것을 의미한다. 죽음은 우리 삶에서 통제할 수 없는 마지막 사건이다.

죽음의 자연스러운 과정

죽음에 앞서 죽는 과정이 있다. 스토아 철학자들은 이 또한 다른 모든 것과 마찬가지로 매우 자연스러운 과정이며 더 큰 그림의 일부라고 본다. 이 사슬은 죽음으로 끊어지는 것이 아니다. 우리 몸이 죽음을 통해 가장 작은 단위로 분해되어 다시 자연의 일부로 돌아가기 때문이다. 그리하여 우주의 한 부분으로 남는다. 삶에서와 마찬가지로 죽음에서조차 모든 것은 연결되고 변화된다.

열린 결말을 마주할 수 있는 스토아적 용기는 이 우주에서 사라지는 것이란 없으며 죽은 몸조차 영원한 변화의 대상일 뿐이라는 믿음에 바탕을 두고 있다. 이 불가피한 변화의 과정을 받아들이고 그 이상 구체적인 형상이나 관념에 빠져들지 않는 것은 우리의 과제이기도 하다.

스토아 철학자들에게 죽음이란 인간이 우주와 불가분의 관계에 있다는 점을 받아들이는 것이다. 이와 동시에 우주 속에서 나라는 존재는 그다지 중요하지 않다는 깨달음을 얻을 수 있다. 1,800년 전 이미 마르쿠스 아우렐리우스는 매일 해 뜨기 전 우리 인간의 보잘것없음과 무상함에 대해 명상했다. 그가 당시 세상에서 가장 영향력이 큰 인물이었다는 사실을 떠올려 보라. 그러니 보통 사람에게겐 얼마나 더 명상이 필요하겠는가.

오늘의 스토아인을 위한 1분 철학

전체의 일부가 되기

편안하게 앉거나 누워서 눈을 감고 심호흡을 세 번 해보라. 사막 한가운데에 있는 거대한 모래 언덕에 앉아 먼 곳을 바라보고 있다고 상상해보라. 눈앞에서 해가 떠오르고 하늘과 땅이 지평선에서 합쳐진다. 그 대자연의 광경 앞에서, 우주의 광대함과 내적 조화에 비하면 당신의 삶이나 그 속의 일들이 얼마나 하찮은지 스스로 깨달아보라. 자신의 하찮음에 대한 깨달음이 당신을 어디로 데리고 가는지 느껴보라. 우리가 이 모든 순간의 지극히 작은 부분이라는 자각은 당신을 고양시키고 동시에 겸손해지게 한다.

안녕이라고 말하는 연습

> "마치 혼자만 유한한 존재인 양 우리는 모든 것을
> 두려워한다. 마치 불멸의 존재인 양 우리는
> 모든 것을 원한다." — 세네카

스토아학파의 가르침에 따르면, 우리는 이성적이고 감정적인 대처를 위해 불가피하고 가능한 끔찍한 사건들을 예측할 수 있어야 한다. 이는 다른 무엇보다도 죽음과 죽음의 과정에 적용되는 부분이다. 죽음을 두려워하거나 억압하는 대신에 우리는 항상 삶의 과정 속에서 죽음이라는 스스로의 결말을 준비해야 한다. 다른 말로 하자면 죽음을 배워야 한다. 하지만 어떻게?

이미 살아가면서 우리는 여러 가지 기대와 생각과 작별하곤 한다. 그런 방식으로 삶에 대해 반복적으로 작별을 고한다. 이렇게 우리는 헤아릴 수 없는 삶의 결말에 대해서도 느긋하게 접근하는 훈련을 할 수 있다. 동시에 자신의 죽음 역시 준비할 수 있다. 죽는 것은 안녕을 고하는 것이기 때문이다. 무엇보다도 우리가 경험한 코로나의 위기는 기대를 버리고 자신이 안전할 것이라고 믿었던 관념을 포기하는 훈련을 하도록 토대를 제공해주었다.

반대로 자신의 끝을 응시하는 것은 어쨌든 다가올 상실과 이별의 경험을 대비하는 데 도움이 될 수 있다. 이에 대해 심리치료사 에바 예기는 말한다.

"삶의 모든 단계에서 우리는 다른 방식으로 소중한 생각이나 아이디어에 작별을 고해야 한다."

그러므로 죽음을 배우는 일은 놓아주는 법을 배우는 것이며, 놓아주는 법을 배우는 것은 죽음을 배운다는 의미다.

나이에 따라 느끼는 인생

이제 무엇이 당신을 행복하게 하고, 무엇이 당신에게 좋은 삶인지 깨달았을 것이다. 그리하여 당신은 당신의 행복과 성공이 무엇인지 스스로 정의 내릴 수 있을 것이다. 하지만 그 정의가 삶 전체에 적용되는 것은 아니다. 오히려 행복과 성공의 경험은 항상 다를 수 있으며 그 정의는 당신 스스로 내려야 한다. 평온함과 내면의 평화, 자기 인식, 행복과 성공 혹은 좋은 삶에 대한 생각이 무엇이든 간에 그 모든 것들은 삶의 과정에서 변화한다. 이는 삶의 무상함에도 적용된다. 이를 다루는 방식과 대처하는 방식은 삶의 단계와 건강 상태에 따라 다르다. 서른 살에 느끼는 삶의 유한성은 예순 살에 느끼는 것과는 다른 의미를 지닌다. 마찬가지로 스물다섯 살에 느끼는 내면의 평화와 행복은 예순다섯 살에 느끼는 것과 다를 수밖에 없다.

자신에 대한 과대평가를 조심하자

에바 예기는 말한다.

"누구나 어느 시점에는, 특히 중년기에는 사회적 역동성이 계속 상승하지 않으며 전반적으로 삶의 곡선이 정체되거나 하강하는 것을 경험하게 된다."

하지만 최적화와 실현 가능성에 기반을 둔 세계에서는 이런 종류의 경험을 거의 허용하지 않는다. 성공과 최적화에 집착하는 우리 사회는 운명을 거부하고 최종적으로 실패를 배제한다.

우리는 오늘날 실패를 대부분 개인적인 자아의 실패로 여긴다. 실패의 이유가 우리 손에 있지 않을 수도 있다는 생각은 대체로 이질적으로 받아들여진다. 그러면서 우리는 불확실성과 불안감에 대처하는 방법을 잊어버렸다. 또 우리는 자신을 과대평가하는 경향을 극대화한다. 이로써 결국 자신이 삶의 정점을 지났다는 사실을 인정하기를 극도로 꺼리고 의식 속에서 삶의 무상함과 종말을 삭제한다.

삶의 진행 과정에 대한 우리 자신의 영향력을 과대평가하지 않으려면 우연이 삶에서 매우 중요한 역할을 한다는 사실을 명심할 필요가 있다. 성공도 마찬가지다. 이는 자신을 과대평가하고 스스로를 불멸이라고 여기는 경향으로부터 우리를 보호한다. 에바 예기는 말한다.

"통계에 따르면, 사람들이 자신을 과대평가하는 두 개의 영역이 있다. 자신이 평균보다 똑똑하고, 평균보다 젊어 보인다고 생각하는 것이다."

우리가 "당신 정말 똑똑하군요!" 혹은 "정말 동안으로 보여요!"와 같은 칭찬에 그토록 열광하는 이유다. 외모는 사실 유전자에 크게 좌우된다는 사실을 대부분 사람들은 잘 알고 있다. 여기서도 우리는 냉정한 겸손을 발휘해야 한다. 자신의 외모에 대해 할 수 있는 일이 많지 않기 때문이다. 덧붙여서 젊은 외모를 둘러싼 우리 사회의 강박증은 또한 우리가 얼마나 정신적으로 유한성을 거부하는지를 잘 보여주는 반증이기도 하다.

가장 큰 적은 바로 자기 자신

어디서 어떤 가족에게서 태어났는지, 외모와 지능은 어떤지, 태어날 때부터 물려받은 자본과 기술이 어떤지는 모두 우연이 결정한다. 스토아학파라면 아마 여기서 포르투나 여신을 언급할 것이다. 우연이든 여신이든, 바뀌지 않는 사실은 조건의 틀을 만드는 데 있어서 우리의 역할이 매우 제한적이라는 것이다. 우리는 운이 좋아서 자신의 능력을 꽃피울 수 있는 환경에 놓일 수도 있고, 운이 나빠서 자신의 능력과 재능이 발전하는 것을 방해하는 환경에 처할 수도 있다. 그러나 일반적으로 우리는 둘 다 경험한다. 어떤 영향들은 긍정적이고 유익한 반면,

또 어떤 영향들은 우리를 해치고 우리의 발전을 방해한다.

아무튼 우리 삶을 작동시키는 많은 것들이 우리가 통제할 수 있는 요소 바깥에 있다. 그러므로 자신을 너무 심각하게 생각하지 말고, 존재에 대한 자신의 영향력을 과대평가하지 말아야 한다. 에픽테토스가 저서에 스토아 성자에 대해 쓴 말을 기억하라.

"한마디로 그는 교활한 적을 대하듯 자신을 경계하고 있다."

스토아학파는 우리가 가진 모든 것과 우리가 할 수 있는 모든 일이 맹목적인 우연의 결과라고 말한다. 이 점을 깨우치는 일은 매우 유익하고 해방감을 줄 뿐 아니라 삶의 무상함을 잘 견딜 수 있게 해준다.

오늘의 스토아인을 위한 1분 철학

우리가 남기는 것들

만약 당신이 어려움을 겪거나, 실패를 겪거나, 어떤 일 혹은 누군가에게 화가 난다면 스스로에게 물어보라. 이 문제가 1년 후에도 여전히 나에게 중요한가? 그런 다음 한 세기가 지난 후의 당신의 삶과 당신 자신을 상상해보라. 솔직히 말해보자. 당신이 남긴 것은 무엇인가? 마르쿠스 아우렐리우스의 말을 생각해보자.

"곧 당신은 모든 것을 잊어버릴 것이고, 곧 모든 사람도 당신을 잊을 것이다."

죽기 전 멋진 삶

"그대에게 일어나는 일과 운명이 정하는 것만
사랑하라. 그보다 더 적절한 게 있겠는가."
— 마르쿠스 아우렐리우스

멋진 삶을 살기에 너무 이르거나 너무 늦은 시기란 결코 없다.

"젊었을 때 철학하는 것을 주저하지도 말고, 나이 들어 철학하는 것을 피곤해하지도 마라. 영혼의 건강을 위해서라면 너무 이른 때도 너무 늦은 때도 없기 때문이다."

철학자 에피쿠로스의 말이다. 그에 따르면 철학적 생각과 질문을 하기에 걸맞거나 어울리지 않는 나이란 없다. 철학, 특히 스토아 철학은 삶의 모든 단계에서 더 많은 평온함과 행복에 기여할 수 있기 때문이다.

철학적 삶을 사는 일에는 나이만이 무관한 것이 아니다. 하루 중 어떤 시간인지도, 어떤 상황에서 철학을 하는지도 중요하지 않다. 마르쿠스 아우렐리우스는 다음과 같이 썼다.

"인생에 지금처럼 철학을 하기에 적합한 상황이란 없다는 것을 나는 얼마나 분명하게 깨달았던가!"

세네카는 이른 아침 침대에서, 에픽테토스는 미래의 스토아 철학자들과 황제를 가르치면서, 또 마르쿠스 아우렐리우스는 전쟁터 한가운데서 언제 어디서나 철학을 했다. 그러니 당신의 영혼을 돌보는 일을 미루지 말고, 그것에 동반되는 멋진 삶을 노년이나 불확실한 미래로 미루지 마라. 지금 당장 오늘 첫 발걸음을 떼는 것이 가장 좋다. 적절한 시기와 장소는 언제나 지금 이 자리이기 때문이다.

삶은 항상 조정이 필요하다

우리 모두는 자신과 가족을 위한 최고의 생활 기반과 조건을 원한다. 투자자인 워런 버핏은 다음과 같은 작은 가상의 실험을 한 적이 있다. 엄마의 뱃속에 일란성 쌍둥이가 자라고 있는데 똑같이 똑똑하고 건강하다고 상상해보라. 갑자기 한 요정이 날아와서 쌍둥이에게 말한다.

"너희 둘 중 한 명은 미국에서, 다른 한 명은 방글라데시에서 자라게 될 거야. 방글라데시에서 자라는 사람은 세금을 내지 않아도 된단다."

미국을 비롯하여 안전이 보장되는 나라에서 태어나기 위해 당신의 미래 수입을 세금으로 지불한다면 얼마를 줄 수 있을지 생각해보라. 작가이자 사업가인 롤프 도벨리는 많은 사람들이 심지어 수입의 80퍼센트까지 세금으로 내놓을 용의가 있다고 했다. 꿈의 나라에서 살기 위해 큰돈을 기꺼이 내놓을 의향이 있는 사람이 그렇게 많다니, 우리가 이상적인 조건에 얼마나 큰 관심을 보이는지가 잘 드러난다.

그러나 우연이나 운명은 완벽한 시작과 틀의 조건을 크게 상관하지 않는다. 그러니 우리는 기억해야 한다. 좋은 삶이란 조건에 있지 않다는 것을. 만약 그렇다면 우리가 집중해야 할 것은 완벽한 조건밖에 없을 것이다. 필요한 레버를 움직여 중요한 코스를 설정하고 원하는 대로 완벽하게 조정하기만 한다면 계획대로 목표에 도달할 수 있을 것이다. 하지만 삶은 그렇지 않다.

우리가 영향을 미칠 수 없는 모든 것은 끊임없이 변화한다. 그러므로 직업 생활에서나 사생활에서나 끊임없는 교정이나 조정이 필요할 수밖에 없다. 교정의 기술에 대해 세네카는 다음과 같이 말했다.

"이미 이루어진 결정에 자신을 지나치게 엄격하게 구속하지 않는 융통성이 필요하다. 눈앞에 놓인 운명을 받아들인다면 계획이나 상황을 바꾸는 일을 두려워하지 마라."

스토아 철학자들에게 삶의 모든 순간이란 자신의 내적 태도를 외부 상황에 맞게 조정하는 시간이므로, 그동안 자신이 바꿀 수 있는 것이 무엇인지를 선명한 의식으로 지켜보아야 한다.

역동적인 자기 이미지

모든 삶은 변화의 과정이다. 역동적이고 변화무쌍한 자아상을 가진 사람들이 삶을 잘 헤쳐 나가는 이유도 이 때문이다.

그들은 삶에서 더 배우고 성장하려고 한다. 실수와 좌절조차도 새롭게 성장할 수 있는 기회로 본다. 세네카는 말했다.

"모든 적대적인 상황을 수행으로 여겨라."

역동적인 자아상을 가진 사람은 실패를 성공으로 바꿀 줄 안다. 배우 숀 코네리의 말을 들어보자.

"그 사람의 최고 모습을 끌어내기 위한 도전보다 더 값진 것은 없다."

이와 대조적으로 실수와 좌절을 자신에 대한 위협과 평가절하로 보는 정적인 자아상이 있다. 정적인 자아상을 가진 사람은 대체로 실패와 손실을 "너는 할 수 없어!"라는 위협으로 느낀다.

삶을 평가절하하지 않기

좋은 삶과 완벽한 삶을 혼동한다면, 완전한 행복에 이르기 위해 결여된 것이 무엇인지를 끊임없이 궁리할 위험에 빠지기 쉽다. 게다가 이미 가진 모든 것에 감사하는 마음도 잃기 쉽다. 그렇게 되면 우리는 주변의 사물들과 사람들을 평가절하할 뿐 아니라, 궁극적으로 자신의 무가치함을 경험하게 된다. 완벽을 향한 내면의 충동이 자리를 차지할 때 마르쿠스 아우렐리우스의 말을 떠올려보라.

"거기에 있어야 하는데 없는 것을 생각하지 말고, 거기에 있는 최고의 것을 떠올려보고 그것이 없다면 얼마나 아쉬울지를 생각해보라."

타인이 실수할 때

스토아 철학자들은 다른 사람의 잘못을 무시하는 방법을 추천한다. 타인이 건네는 분노나 논쟁, 도발 거리는 어찌 보면 우리가 거절할 수 있는 제안과도 같다. 우리에게 주어진 모든 장애물을 뛰어넘을 필요는 없다. 심리적인 관점에서 보면 자신이 상관할 바가 아닌 것에 대한 책임을 뒤집어쓰는 것과 같다. 마르쿠스 아우렐리우스는 말했다.

"다른 사람의 실수는 그 자리에 그냥 놔두시게."

물론 다른 사람의 행동에 대처하는 또 다른 방법도 있다. 타인을 탓하기에 앞서 우리를 짜증나게 하는 것들에 이름을 붙여보는 것이다. 이를 통해서 우리는 갈등에 대해 지나치게 마음을 쏟지 않으면서 건설적으로 다룰 수 있다. 마르쿠스 아우렐리우스의 말을 들어보자.

"타인의 잘못을 부드럽게 일러주고 무엇이 잘못인지 보여줘라. 하지만 그게 불가능하다면 자신을 비난하지 마라."

주변 사람들이 나에게 불친절하거나 나쁜 기운을 퍼뜨린다고 해도 거기에 감염될 필요는 없다. 주변 환경이 화나게 할 때 마르쿠스 아우렐리우스의 좌우명을 떠올려보자.

"자신을 방어하는 가장 좋은 방법은 똑같은 방식으로 돌려주지 않는 것이다."

상대방이 기분 나쁘거나 경멸적인 어조로 말을 건다고 해서 같은 방식으로 응대할 필요는 없다.

가지고 있던 것이 없어진다면

조용한 곳에 앉아서 파트너와 가족, 자녀와 친구, 직장, 동료 등 당신에게 정말 중요한 요소들을 적어보라. 이제 이 모든 것을 잃었다고 상상해보라. 소중한 것과 소중한 사람들이 모두 삶에서 사라진다면 당신은 무엇을 그리워하겠는가? 생각만 해도 무서운 일이 아닐 수 없다. 하지만 거기서 더 나아가보라.

당신의 몸에서 팔과 다리가 모두 없어진다고 생각해보라. 예전처럼 걷거나 손을 사용할 수 없다면 당신의 삶은 어떻게 될까? 자기 자신이나 주변 사람에게 불만이 생길 때마다 이 상상 수행을 해보라. 성취하지 못했거나 이루지 못했거나 만족스럽게 이루지 못한 일이 생각날 때마다 이미 가지고 있는 것들과 그것들이 없어졌을 때의 상황에 집중해보라.

긍정적인 감정과 기분을 사용하는 법

타인에게 품는 분노의 감정 외에 두려움이나 자기 의심과 같은 다른 부정적인 감정 또한 행복하고 만족스러운 삶을 사는 일을 방해한다. 그러니 자신의 장점과 즐거운 감정에 더욱 집중하라.

기억에 도움을 요청한다

힘든 일을 잘 처리하고 넘겼던 과거의 경험을 한번 기억해보라. 그때 경험했던 좋은 기분을 떠올려보라. 마르쿠스 아우렐리우스는 우리 안에 얼마나 큰 장점이 있는지를 거듭 상기시킨다.

"그대는 얼마나 많은 아름다운 것들을 보고 감각의 기쁨을 느꼈으며, 얼마나 많은 고통을 업신여기고 얼마나 많은 허영심을 지나쳤으며, 애정 없는 많은 이들에게 당신의 사랑을 얼마나 보여주었는가!"

외부에서 좋은 영향을 받는다

의식적으로 긍정적인 감정을 불러일으키기 위해 외부의 도움을 받을 수 있다. 예를 들면 미셸 오바마는 영부인으로서 공식 석상에 나서기 전에 활력을 얻으려고 일부러 기운을 돋우는 음악을 들었다고 한다. 운동 중에 이완하거나 마사지와 함께 휴식을 취하는 것도 정서적 균형을 회복시킬 수 있다. 세네카는 말했다.

"야외에서 산책하면 탁 트인 하늘 아래 신선한 공기 속에서 우리의 정신은 강해지고 활기차게 솟아오를 수 있다. 말을 타고 달리거나 여행을 가거나 장소를 바꿔보는 것도 활력을 준다. 즐거운 식사나 유리 속을 가만히 들여다보는 것도 마찬가지다."

항상 징징거리기보다 자주 웃는다

눈물 흘리는 헤라클레이토스와 웃는 데모크리토스라는 두

고대 철학자의 대조적인 일화는 스토아 철학자들 사이에서 매우 인기가 많았다고 한다. 세네카는 다음과 같이 썼다.

"헤라클레이토스는 대중 앞에 설 때마다 눈물을 흘렸고 데모크리토스는 웃었다. 전자는 사람들의 비참한 삶만 보았고 후자는 인간들의 어리석음만 본 것이다. 우리도 삶에 좀 더 가볍게 접근하고 쾌활한 정신으로 견뎌야 한다. 끊임없이 한탄하는 것보다 삶을 비웃는 것이 더 인간적이다."

스토아학파는 세상의 모든 일을 구경거리로 여긴다. 삶에서 일어나는 모든 일을 그리 심각하게만 받아들이지 않는다면 이는 우리에게도 좋은 일이다. 무엇인가가 잘못되는 것은 삶이 그리 지루하지 않다는 방증이기도 하다.

기대와는 다른 것에 직면했을 때는 그냥 웃으면서 반응하는 것이 상책이다. 웃음을 잃는다고 포기할 필요도 없다. 세네카는 말했다.

"그대가 옮기는 방법을 깨닫는 순간, 딱딱한 것도 부드러워지고, 좁은 것도 넓어지며, 무거운 것도 가벼워질 수 있다."

불행을 보장하는 비교는 그만!

가능하다면 끊임없이 자신을 다른 사람들과 비교하는 일을 그만둬라. 처음엔 그럴싸해 보여도 결국 그 끝에는 불만과 시기, 고통은 물론 내면의 불안감 같은 부정적인 감정이 당신을 기다리고 있을 것이다. 비교하고 싶다면 오히려 자신의 모습을 전과 비교해보라. 5년 전이나 10년 전을 되돌아보고 지금까지 당신이 이룬 긍정적인 발걸음을 높이 평가해보라. 그리고 당당히 자신의 모습으로 살아가라. 마르쿠스 아우렐리우스는 이렇게 권했다.

"세상이 자신에게 준 것에 만족하고 정의로운 행동과 자애로운 기질로 삶을 꾸려 나가는 선한 사람의 삶이 어떻게 그대에게 어울리는지 시험해보라."

상처에 대처하기

아무리 삶의 긍정적인 측면을 보며 유머 감각을 가지고 자급자족하는 것을 배우더라도, 우리 모두의 삶에는 균열과 취약점, 틈이 있을 수밖에 없다. 인생은 항상 일직선으로만 이어지지 않고, 상처 하나 없는 멋진 인생이란 것도 없다. 스토아 철학자들은 틈 속의 아름다움을 보라고 재촉한다.

"가령 빵을 굽다 보면 여기저기 균열이 생기는데 빵을 만드는 목적과는 거리가 먼 그 틈새가 이상하게도 우리의 눈길을 끌며 빵의 맛을 증가시킨다. 무화과도 완전히 익으면 껍질이 터진다. 또 완숙된 올리브의 썩기 직전의 상태는 고유한 향과 아름다움을 풍긴다."

이 말은 상처와 부상, 흉터에서도 아름다움을 얻을 수 있다는 가르침을 준다. 그러니 살아가면서 얻는 상처를 감사의 마음으로 바라보라. 그 속의 아름다움을 발견하고 모든 것이 덧없고 어떤 것도 완벽하지 않다는 것을 이해함으로써 삶을 용서하라. 과거의 상처가 떠올라 괴롭다면 마르쿠스 아우렐리우스의 말을 생각해보라.

"자연과 조화를 이루며 이 짧은 시간을 지나 올리브 열매가 익어 나무에서 떨어지듯이 존엄하게 마지막 안식처에 도달하라. 그리고 그대를 자라게 해준 나무와 양분을 준 대지를 찬양하라."

이는 다시 죽음을 잘 맞이하는 방법과 연결된다.

운명을 사랑하는 마음

느긋한 쾌활함은 바로 삶의 유한성을 의식적으로 마주하는 일에서 비롯되며 이는 삶을 즐기고자 하는 우리의 능력에 힘을 보태준다. 이것이야말로 죽음의 과정과 죽음 자체를 포함하여 우리에게 일어나는 모든 것을 받아들이고 사랑하는 법이기도 하다. 스토아학파의 가르침이기도 한 아모르파티Amor fati 또는 '운명을 사랑하라'는 말은 프리드리히 니체가 스토아학파의 변함없는 낙관적 세계관을 요약한 표현이기도 하다. 이는 우리에게 일어나고 마주치는 모든 것을 받아들이고 환영하는 역동적인 사고방식이다. 행동치료사는 '급진적 수용'이라는 용어를 사용하기도 한다. 스토아적 아모르파티의 가장 고귀한 형태는 좋든 나쁘든 다가오는 모든 것을 사랑하는 것이다.

오늘의 스토아인을 위한 1분 철학

삶과 죽음으로부터 가벼워지기

- 죽음은 열린 결말이다. 우리가 죽음 이후에도 계속 살아가느냐, 아니면 더 이상 존재하지 않느냐는 중요하지 않다. 사후에 대한 모든 기대와 생각을 버릴 때 비로소 우리는 삶의 유한성과 친구가 된다.
- 확실성에 작별을 고하자. 죽음을 배우는 것은 인생의 마지막 불확실성에 대비하고 자신의 죽음을 사랑하는 법을 배운다는 뜻이다. 동시에 불확실성과 삶의 변화에 유동적으로 대처하는 일을 연습하는 것이기도 하다. 그러므로 죽음을 배우는 것은 그동안 소중히 여기고 있던 생각과 기대를 버리는 것을 의미한다.
- 우리는 삶의 모든 것에 책임이 있는 것은 아니다. 우리의 삶은 우리가 생각하는 것보다 우연과 외부 요인에 훨씬 더 많이 의존한다. 이 통찰력은 우리를 안심시킨다. 사실 모든 것에 전적으로 책임이 있다고 생각한다면, 삶이 불필요하게 어려워진다. 모든 것을 너무 심각하게 받아들이고 자신을 너무 무겁게 받아들이는 것이다.
- 자신과 자신의 삶에 이상적인 계획이란 없다. 완벽한 나와 완벽한 인생 계획에 대한 생각은 불만을 낳고 자신의 발전을 방해한다. 그러므로 역동적인 자아상이 운명에 대한 사랑과 마음의 평온을 촉진한다.

• **소크라테스**(**기원전 470년경~기원전 399년**)

아테네에서 태어나 그리스 민주주의의 황금기에 살았으며 스토아 학파의 가장 중요한 롤 모델로 여겨진다. 소크라테스는 자신의 철학적 방법을 진리를 낳기 위해 고안된 '조산술'이라고 불렀다. 그의 철학은 주로 제자 플라톤이 쓴 《대화》로 전해지고 소크라테스 자신은 글을 쓰지 않았다. 시장과 아테네 거리에서 그는 여러 제자들에게 생각을 자극하는 질문을 던져 그들이 스스로 모순된 답을 할 때까지 대화를 이어 나가는 방식을 사용했다. 기원전 399년, 소크라테스는 아테네에서 신성모독과 청소년들에게 해로운 생각을 하도록 선동한 죄로 재판을 받아 스스로 목숨을 끊어야 한다는 판결을 받았다. 처형되던 날 그의 제자들이 마지막으로 소크라테스의 주위에 모였다. 그들은 죽는다는 것과 죽음의 의미에 대해 다 같이 철학적 대화를 나누었다. 그런 다음 소크라테스는 독미나리의 독을 마시고 죽었다.

• **키티온의 제논**(**기원전 333~기원전 261년**)

지중해 키프로스 섬의 키티온 왕국에서 태어났다. 전설에 따르면, 제논은 배가 난파되는 불운을 겪은 후 모든 재산을 잃고 철학에 전념했다. 실제로 젊은 시절에 플라톤의 《대화》를 읽었다고 한다. 부유한 상인의 아들이었던 제논은 마침내 아테네로 여행을 가서 기원전 300년경 스토아학파를 창설했다. 20편 이상의 글을 썼다고 전해지는데, 그중 어느 것도 오늘날까지 남아 있지 않다. 유명한 전기 작가 디오게네스 라에르티오스에 따르면, 제논은 스스로 목숨을 끊었다.

- **솔로이의 크리시포스**(기원전 280~기원전 206년)

오늘날 튀르키예의 동부에 있는 실리시아의 항구도시 솔로이에서 태어났다. 처음에는 플라톤의 아카데미에서 공부하다가 후에 스토아학파로 전향했다. 700편 이상의 글을 쓴 작가였던 크리시포스는 스토아 교리를 근본적으로 체계화했다. 전설에 따르면, 그의 저서는 모두 알렉산드리아 도서관에서 불타버렸다고 한다. 크리시포스는 스토아학파의 교장이었으며 고대 그리스에서 가장 중요한 스토아 철학자 중 한 명으로 여겨진다. 어떤 사람들은 스토아학파의 '두 번째 설립자'로 부르기도 한다.

- **소 카토**(기원전 95~기원전 46년)

로마 출신으로 로마 공화정의 수호자이자 스토아 철학의 열렬한 지지자였다. 부패가 일상화된 시기에 그는 청렴과 자제, 인내와 같은 도덕적 가치를 옹호했다. 카토는 로마의 정치가이자 철학자, 웅변가인 키케로와 함께 카이사르의 독재정치를 막기 위해 노력했다. 하지만 당시 로마 원로원의 정치적, 군사적 힘은 점점 약해지고 있었고 그들의 외교적 노력은 실패했다. 기원전 49년 카이사르가 루비콘강을 건너 로마로 진군해 피비린내 나는 내전을 일으켰다. 카토는 카이사르의 군대를 피해 그리스와 아프리카로 도망쳐서 몇 년을 살았다. 우티카에서 참패한 후 스스로 목숨을 끊었다.

카토는 평생에 걸쳐 스토아 철학을 삶의 방식에 그대로 적용했다. 일부러 옷을 허술하게 입거나, 더위와 비바람에도 굴하지 않고 맨발로 거리를 활보하기도 했다. 카토에게 이는 스토아적 겸양을 위한 수행이기도 했다. 이후 잔인하고도 용감무쌍한 할복자살로 로마 귀족의 영웅이자 롤 모델이 되었다.

• **루키우스 안나이우스 세네카**(기원전 4년경~서기 65년)
로마 제국의 일부였던 스페인 남부 코르도바에서 태어났다. 어렸을 때 천식 발작을 겪었고 폐질환을 치료하기 위해 이집트에서 몇 년을 보냈다. 그 후 건강 문제에도 불구하고 그는 로마에서 연설가이자 정치인으로 성공적인 경력을 시작했다. 그를 싫어한 메살리나 황후의 선동으로 마흔다섯 살의 나이에 몇 년 동안 코르시카로 유배되기도 했다. 서기 49년 클라우디우스 황제와 그의 네 번째 아내 아그리피나는 그를 로마로 불러 네로 왕자를 교육하는 책임을 맡겼다. 영향력 있는 정치가이자 성공적인 웅변가이자 로마 황제 네로의 철학적 조언자로서 세네카는 당대에 가장 널리 읽히는 작가 중 한 사람이 되었다. 가장 중요한 저술로는 《행복한 삶에 관하여》, 《인생의 짧음에 관하여》, 《마음의 평정에 관하여》, 그리고 루실리우스라는 젊은 벗에게 쓴 서간 등이 있다.
자신의 영향력이 눈에 띄게 약해지자 세네카는 네로에게 사임을 청하고 서기 62년 재산의 많은 부분을 포기하며 물러났다. 서기 65년에는 피소의 음모를 폭로한 후 네로에게 사형을 선고받았다. 당시 황제의 선처로 자살과 처형 중 하나를 선택할 수 있었다. 세네카는 소크라테스처럼 황제의 명령에 따라 저항 없이 자신의 운명을 받아들였다. 그는 스스로 욕조로 들어가 누워 손목을 베었다. 이 장면을 벨기에의 화가 루벤스가 〈세네카의 죽음〉으로 묘사했다.

- **무소니우스 루푸스(서기 30~101년)**

오늘날의 이탈리아 볼세나에서 태어났다. 로마의 소크라테스로 여겨지며 에픽테토스의 스승이었다. 그는 직접 어떤 것도 기록하지 않았지만, 철학의 일부가 그의 제자 루키우스를 통해 전해지고 있다. 서로 다른 황제 치하에서 그는 총 세 번 망명해야 했는데, 이는 당시 사형보다 더 나쁜 형벌로 간주되었다. 원로원 의원이자 스토아 철학자인 플라우투스가 네로 황제로부터 사형을 선고받았을 때, 루푸스는 그에게 도망치지 말라고 했다. 자신의 운명과 자신의 죽음을 인내심을 가지고 받아들여야 한다고 조언했다.

- **에픽테토스(서기 55~135년)**

현재 튀르키예에 속하는 히라폴리스에서 노예로 태어났다. 그의 이름은 '재산' 또는 '취득된 물건'이라는 뜻을 지녔다. 십 대부터 그는 무소니우스 루푸스의 가르침을 듣도록 허락을 받았다. 노예 신분에서 해방된 후에는 곧 제자들을 가르치기 시작했고 로마에 스토아 학교를 열었다. 서기 89년 그는 도미티아누스 황제에 의해 이탈리아에서 추방되었고, 그 후 그리스의 도시 니코폴리스에 새로운 학교를 세웠다. 그곳에서 죽을 때까지 많은 청중에게 스토아 철학을 전파했다. 에픽테토스가 직접 저술한 것은 없다. 그의 철학을 전하는 가장 중요한 저술인 《담화록》과 《편람》은 그의 제자 아리아누스가 정리하고 기록했다. 에픽테토스는 다리를 절었고 소박한 삶을 살았다고 한다. 그의 생각을 담은 《편람》은 중세 시대에 약간의 수정을 거쳐 기독교인의 삶에 대한 지침서로 출판되었다. 스토아학파의 중요한 인용구들은 모두 예수의 말로 탈바꿈했다. 당시 이 책은 모든 수도원 도서관에 비치되었다.

- **히에로클레스(서기 2세기)**

하드리아누스 황제(서기 117~138년)의 치세에 살았다. 스토아 철학자인 그의 생애에 대해서는 알려진 바가 많지 않다. 스토아 윤리학에 대한 발언 일부만이 파피루스에 남아 있을 뿐이다. 그 기록에서 그는 모든 사람은 각각 다른 원을 통해서 궁극적으로 다른 모든 사람과 연결되어 있다고 했다. 이 개념은 스토아적 세계주의의 전통과 맞닿아 있다.

- **마르쿠스 아우렐리우스(서기 121~180년)**

존경받는 로마 원로원 의원 집안에서 태어났다. 젊었을 때 에픽테토스의 가르침을 접했다고 한다. 이후 어머니와 노예를 위한 캠페인을 벌였고, 여러 학교와 고아원, 병원을 설립했다. 140년부터 145년까지 로마의 집정관으로 임명되었고, 161년부터 로마 제국을 황제로서 다스렸다.
철학자이자 황제였던 그는 로마 제국에서 가장 잘 알려진 통치자 중 한 명으로, 로마 상류 문화는 그의 통치하에서 가장 화려한 꽃을 피웠다. 그는 관대한 통치자로 유명했고, 당시 기독교인들이 개인적으로 신앙을 실천하는 일을 문제 삼지 않았다.
하지만 그의 통치 기간 동안 흉년과 지진, 전염병이 끊이지 않았다. 양아버지 안토니누스 피우스의 후계자이며 왕자였던 그는 스스로를 마르쿠스 아우렐리우스 안토니누스 아우구스투스라고 이름 지었다. 당시 창궐한 천연두(서기 165~189년)는 그의 이름을 따서 안토니누스 역병으로 역사에 남았다. 게다가 재위 기간 중 수많은 전쟁이 일어나 로마 제국의 국경을 지키는 데 안간힘을 써야 했다.
그의 《명상록》은 오늘날 가장 널리 읽히는 고대 문학 작품 중 하나다. 이 책은 게르만족과의 전쟁을 치르던 야전 캠프 안에서 쓰였다. 일지의 형식이었으며 출간을 목적으로 한 것은 아니었다. 마르쿠스 아우렐리우스는 이 저서에서 자신은 이성적이고 겸손한 행동을 추구하며, 정의와 인간성, 자기 수양과 평온함을 위해 노력한다고 거듭 밝혔다. 180년 그는 마침내 전염병에 걸렸는데 누워서 침착하게 죽음을 기다렸다. 그리고 180년 3월 17일, 오늘날의 빈에 해당하는 빈도보나에서 사망했다. 그의 삶의 원칙은 프로이센의 프리드리히 2세부터 헬무트 슈미트, 빌 클린턴에 이르기까지 많은 지도자들에게 영감을 주었다.

참고 자료

Dobelli, Rolf. *Die Kunst des guten Lebens: 52 überraschende Wege zum Glück.*

Holiday, Ryan. *Das Leben der Stoiker: Lektionen über die Kunst des Lebens von Mark Aurel bis Zenon.*

Holiday, Ryan. *Der tägliche Stoiker: 366 nachdenkliche Betrachtungen über Weisheit, Beharrlichkeit und Lebensstil.*

Pigliuchi, Massimo. *Die Weisheit der Stoiker: Ein philosophischer Leitfaden für stürmische Zeiten.*

Robertson, Donald. *Denke wie ein römischer Kaiser: Die Philosophie des Mark Aurel.*

Schriefl, Anna. *Stoische Philosophie: Eine Einführung.*

세네카의 《행복한 삶에 관하여》, 《인생의 짧음에 관하여》, 《마음의 평정에 관하여》, 《섭리에 관하여》, 《한가함에 관하여》, 루실리우스에게 쓴 편지들

에픽테토스의 《편람》, 《담화록》(제자 아리아누스가 기록함)

마르쿠스 아우렐리우스의 《명상록》

www.theschooloflife.com/berlin은 워크숍, 강의 및 개인적, 직업적 행복에 관한 영상을 제공하고 있다.

https://dailystoic.com에서는 스토아 철학을 소개하는 내용과 일상생활에서 스토아주의를 실천하는 방법을 볼 수 있다.

타인에게 기대하지 않는
삶을 위한 안내서

초판 1쇄 발행 2025년 04월 09일
초판 3쇄 발행 2025년 05월 08일

지은이 외르크 베르나르디
옮긴이 이덕임
펴낸이 김상현

콘텐츠사업본부장 유재선
출판1팀장 전수현 **책임편집** 김승민 **편집** 주혜란 심재헌
디자인 김예리 권성민 **마케팅** 이영섭 남소현 최문실 김선영 배성경
미디어사업팀 김예은 김은주 정미진 정영원 정하영
경영지원 이관행 김범희 김준하 안지선 김지우

펴낸곳 (주)필름
등록번호 제2019-000002호 **등록일자** 2019년 01월 08일
주소 서울시 영등포구 영등포로 150, 생각공장 당산 A1409
전화 070-4141-8210 **팩스** 070-7614-8226
이메일 book@feelmgroup.com

필름출판사 '우리의 이야기는 영화다'

우리는 작가의 문체와 색을 온전하게 담아낼 수 있는 방법을 고민하며 책을 펴내고 있습니다.
스쳐가는 일상을 기록하는 당신의 시선 그리고 시선 속 삶의 풍경을 책에 상영하고 싶습니다.

홈페이지 feelmgroup.com **인스타그램** instagram.com/feelmbook

ISBN 979-11-93262-44-3(03100)